Vivien Vivace Luc Kunda

La construction des œuvres christiques

Vivien Vivace Luc Kunda

La construction des œuvres christiques

Approche évangélique

Éditions Croix du Salut

Imprint

Cover image: www.ingimage.com

Publisher:
Éditions Croix du Salut
is a trademark of
Dodo Books Indian Ocean Ltd. and OmniScriptum S.R.L publishing group

120 High Road, East Finchley, London, N2 9ED, United Kingdom
Str. Armeneasca 28/1, office 1, Chisinau MD-2012, Republic of Moldova, Europe
Printed at: see last page
ISBN: 978-620-3-84525-9

Contact :

E-mail: vivacekunda551@gmail.com

Facebook: Vivas Kunda

watsapp : +243 977605637 / +243 810823193

Tél: +243 977605637 / +243 810823193

Au monde chrétien, aux membres de la ***M****ission* ***E****vangélique* ***P****êcheurs d'****H****ommes* ***(MEPH)****, qui ne cessent pas de parcourir toute la terre dans l'évangélisation avec un seul objectif, qui est celui de faire de toutes les nations de disciples du Seigneur Jésus-Christ... à mon premier sergent Caleb Kayumba. Je dédie cette œuvre de l'esprit avec un cœur plein de gratitude, d'amour....*

AVANT-PROPOS

Ce livre est le prolongement de l'enseignement de nos auditions de la Mission Evangélique Pêcheurs d'Hommes (MEPH).

Sa rédaction répond aux questions de nos membres ainsi qu'à leur inquiétude concernant la construction des œuvres christiques dans le domaine de l'Evangélisation.

En effet, après la descente des membres de la mission évangélique pêcheurs d'hommes sur les sites pour l'évangélisation, à qui je dédie ce livre, plusieurs réflexions me sont venues en esprit surtout sur la construction des œuvres christiques, et sur nos méthodes d'évangélisation relatives à cette problématique. D'un système et du cosmos, mais en réalité nous avons du mal à comprendre que tout est déjà tracé d'avance par notre Seigneur Jésus-Christ.

Que devons-nous savoir sur la construction des œuvres christiques selon la Bible ?

Cette question m'a conduit à mettre à la disposition du corps du christ cet ouvrage sur l'évangélisation qui est tout un cours pour les uns, et l'information pour les membres de la mission évangélique pêcheurs d'hommes avec qui nous avons eu des moments de partage théologique sur la question.

Que tous les auteurs qu'on a eu à lire leurs ouvrages, que toutes les personnes qui m'ont prêté main forte dans la collecte des données et mise en forme de ce livre, trouvent ici toute ma gratitude.

Vivien Vivace Luc Kunda

Théologien

PREMIERE PARTIE

DES OEUVRES SATANIQUES AUX OEUVRS CHRISTIQUES

DU VICIEUX AU VERTUEUX

LES GENERALITES

Christique : relatif au Christ lui-même, par rapport à chrétien qui prend alors le sens de relatif au christianisme qui est la religion des chrétiens. Un chrétien est celui qui professe la religion issue des enseignements de Jésus-Christ, le chrétien est celui qui adopte un comportement généreux, supposé conforme aux préceptes de la religion de Jésus-Christ. C'est à Antioche premièrement que les disciples de Jésus-Christ furent nommés chrétiens « Actes 11:26 ». Le roi Agrippa utilise ce terme avec dédain, en s'adressant à Paul « acte 26 :28 ». Pierre, dans sa première épître, utilise aussi cette appellation en parlant de souffrir comme chrétien « 1Pi 4 :16 » c'est-à-dire de souffrir en rapport avec le témoignage chrétien ; dans les écritures ils sont appelés généralement frères, fidèles, saints, croyants, disciples. Christ est l'un des titres du Seigneur Jésus, qui signifie « OINT, consacré, l'envoyé » (Ps2 :2, 6) c'est l'équivalent grec du mot hébreu « Messie », celui qui a sauvé le monde et qui règnera sur lui « Jn 4 :25, 26,42 » avant son retour pour venir établir son royaume, il s'élèvera de faux christs qui s'efforceront de séduire les hommes « Mt 24 :24, Mc 13 :22 ».

Le vicieux est un homme naturel à faire le mal, qui a de mauvais penchants, des vices (immoral), donc celui qui dénote une disposition au mal, et de l'étrangeté ; qui dévoile son côté pervers, qui a des habitudes bizarres,

Vertueux est un homme qui manifeste de la vertu, des qualités morales : conduite vertueuse, chaste, pudique ou fidèle, est un homme qui a de la vertu, qui est inspiré par la vertu, c'est-à-dire par une disposition à faire le bien et à rejeter le mal, celui qui ne commet pas de péchés.

Destruction : E. Walberg, 447, emprunte au latin ***« impérialdestructio »*** c'est-à-dire ***« destruction, ruine »*** ; Action de mettre à bas un édifice ou un ensemble architectural réalisé selon un plan déterminé ; c'est une altération profonde qui mène à la ruine ; elle disparaît complètement et résultat de cette action ; donc c'est la désorganisation d'un ensemble cohérent et organisé selon une structure déterminée, c'est une altération morale d'une personne.

Satanique : qui tient de Satan, ce qui est diabolique ; donc si on parle ***« des œuvres sataniques »,*** c'est tout ce que le diable possède comme moyen de défense pour nuire les enfants de Dieu. Satan selon Vivien Vivace Luc Kunda dans son (livre la création : « de ténèbres à la lumière », Edition Croix du salut, publié en 2021) lui décrit comme un adversaire de Dieu, du Christ, des croyants et de l'humanité. Plus de précision voir (dans son livre : la création : de ténèbres à la lumière).

Satan signifie accusateur, adversaire ; il est celui qui s'oppose à Dieu ; il est appelé aussi le Malin, Bélial, le dieu de ce siècle, le prince de ce monde, le serpent, le chef des puissances spirituelles de méchancetés actuellement dans les lieux célestes mais dont sa fin est l'Etang de feu et de soufre : ***« Et le diable, qui les séduisait, fut jeté dans l'étang de feu et de souffre, où sont la bête et les faux prophètes. Et ils seront tourmentés jour et nuit, aux siècles des siècles. » Ap 20 :10.***

N.B : Quand on parle du diable : du grec « diabolo **»,** c'est un des noms qui caractérisent Satan. Le mot signifie accusateur, mais plus spécifiquement calomniateur, celui qui désuni, qui divise. Le diable est le grand ennemi de Dieu et de l'homme ; il a été vaincu par Christ à la croix : ***« Ainsi donc, puisque les enfants participent au sang et à la chair, il y a également participé lui-même, afin que, par la mort, il anéantit celui qui a la puissance de la mort, c'est à dire le diable. » Hé 2 :14.***

Attention : le verbe anéantir, du grec ***« katargese »,*** signifie, rendre impuissant, paralyser, rendre inactif, réduire à néant. Ceci ne veut pas dire que Satan a cessé d'exister, car il est évident qu'il est toujours vivant et actif ; mais la mort de Christ a paralysé la puissance du diable, Satan. C'est-à-dire que son pouvoir et son autorité pour contrôler, manipuler, lier les chrétiens ont été brisés à jamais. Nous n'avons plus par conséquent à le craindre, mes biens aimés, ayant été totalement libérés de son emprise par la croix ; louez l'Eternel.

Les chrétiens sont appelés à tenir ferme contre les artifices, contre les œuvres sataniques : ***« Revêtez-vous de toutes les armes de Dieu, afin de pouvoir tenir ferme contre les ruses (les œuvres) du diable. » Eph 6 :11***

Le diable sera particulièrement actif après l'enlèvement de l'Eglise, et agira avec fureur, sachant qu'il a peu de temps, il sera lié pour 1000 ans et jeté dans l'abîme durant le millénium (ce terme fait référence aux mille ans du règne futur de paix et de gloire du Christ sur la terre en apocalypse 20 :2-7. Et l'A.T. fait souvent allusion à ce règne par ex. syn. siècle à venir. Psaumes 93 ; 97 : 99. Le diable à la fin de ce millenium, 1000 ans, il sortira pour égarer les nations, mais il sera tourmenté éternellement, et précipité dans l'étang de feu et de soufre.

CHAPITRE I. DE LA DESTRUCTION DES ŒUVRES SATANIQUES A LA CONSTRUCTION DES OUEVRES CHRISTIQUES

« Celui qui pèche est du diable, car le diable pèche dès le commencement. Le fils de Dieu a paru afin de détruire les œuvres du diable. » 1Jn3 :8.

Beaucoup des gens ont l'idée de placer :

- La maladie ; La pauvreté ; L'échec ; La famine ; La crise ; L'avortement ; Le blocage ; Le chômage ; Le divorce … Que ceux-ci sont des œuvres sataniques contrairement se sont les conséquences des œuvres sataniques.

L'œuvre satanique est ce qui pousse l'homme aux conséquences citées ci-haut, une femme qui a l'habitude d'avorter volontairement et attend à voir un bébé un jour sans savoir les conséquences, , , un menteur attend qu'on lui fasse confiance un jour, un infidèle attend à un mariage stable un jour, un désobéissant attend à une bénédiction un jour… L'œuvre satanique est la source du malheur dans la vie de l'homme c'est pourquoi, il y a un verset qui dit ***« car le salaire du péché, c'est la mort ; mais le don gratuit de Dieu, c'est la vie éternelle en Jésus-Christ notre Seigneur. » Ron6 : 23.*** Le péché est l'œuvre satanique tandis que la mort est la conséquence de l'œuvre satanique (le péché) ; ***Et*** aussi l'avortement excessif est l'œuvre satanique tandis que la stérilité est la conséquence de l'œuvre satanique (l'avortement), le salaire de la désobéissance est la malédiction…

Les stratégies de Satan pourront devenir des portes d'entrées, des vecteurs facilitateurs sur lesquels les œuvres sataniques pourront prendre chair et s'incarner dans la vie de l'homme : Certaine disposition de l'âme à la tristesse, insécurité, colère, violence, suicide, certaine dépendance à une drogue, une activité ou une structure sociale, repli sur soi... Toutes ces manifestations ne sont évidemment pas le signe d'une emprise des esprits mauvais mais elles sont indéniablement des portes d'entrées facilement accessibles aux œuvres sataniques.

Il y a un ensemble de causes et d'effets qui dégradent une situation, un enchaînement diabolique. Les blessures ouvrent la voie au lien spirituel, mais le lien maintient la blessure ouverte et ne permet pas qu'elle guérisse. Paradoxalement, le schéma négatif émotionnel ou cognitif ou comportemental, bien que choisi comme une protection, blesse la personne encore davantage... Délivrance, guérison et repentance ne peuvent être séparées étant donné qu'il serait inutile de renoncer aux œuvres sataniques et de les expulser. Si la porte d'entrée est toujours ouverte, mais ces mêmes failles sont aussi les portes par lesquelles la grâce peut nous rejoindre et nous guérir pour peu que nous osions, dans la confiance les faire venir à la lumière en présence de la miséricorde de Dieu. Notre fragilité, nos blessures, la maladie, le péché sont le champ de bataille de préférence d'amitié, d'affection, de goût où les puissances de vie et de mort s'affrontent en permanence.

Par son incarnation, Dieu épouse notre nature humaine dans ce qu'elle a de plus fragile, de plus dépendant. La parole de Dieu qui existe sans avoir été créé, se fait enfant, sans parole. Il vient dans notre chair, non par force et par gloire mais dans le silence d'un nouveau-né : ***« et la parole a été faite chair, et elle a habité parmi nous. » Jean1 :14***

De même que la grâce présuppose la nature et se manifeste à travers la nature, l'influence des œuvres sataniques affectent la nature et s'expriment à travers des symptômes psychologiques, émotionnels et mentaux. La maladie peut ouvrir une brèche aux œuvres sataniques, tandis que des esprits mauvais peuvent renforcer une détresse émotionnelle ou des pensées obsessionnelles, ou des schémas comportementaux. Ce qui permet aux œuvres sataniques de s'infiltrer en nous sont principalement les faiblesses de notre nature, les blessures et les traumatismes qui, s'ils ne sont pas vus et reconnus par un tiers bienveillant et aimant, deviendront des lieux d'insécurité profonde.

Ces blessures provoquent la mise en place de stratégies d'adaptations psychiques de protections et d'évitements afin de contenir et de circonscrire la souffrance ressentie.

NB. Satan n'attaque pas directement l'homme mais il commence tout d'abord par affaiblir la garde de l'homme, et attaque ; la garde de l'homme est la parole de Dieu, la prière, la sainteté… ***« le Christ s'est incarné, non pour juger le monde mais pour que par lui le monde soit sauvé. » Jn 3 :17***

Qui commet le péché est du diable donc celui qui pratique ***« les œuvres satanique »,*** parce que Satan dès l'origine est pécheur ; voilà pourquoi le Seigneur Jésus-Christ a paru pour détruire les œuvres sataniques, pour que Christ détruise les œuvres sataniques, il fallait qu'il mette ses œuvres en pratique, donc il y a un slogan qui dit : ***« on détruit la magie par la magie, on combat le spirituel par le spirituel »***, c'est pourquoi pour détruire les œuvres sataniques il a fallu qu'il ait ***« l'œuvre de la croix. »*** Sans l'œuvre de la croix, les œuvres sataniques subsisteront, mais Christ à la croix après avoir était gravement blessé et après avoir pris le vinaigre (donc après avoir englouti les œuvres sataniques), il a dit : ***« tout est accompli » Jn 19 :30.*** Le péché c'est l'iniquité : ***« Toute iniquité est un péché » (1Jn5 :17)***, c'est ce qui nous sépare de Dieu, de sa relation d'amour et de son alliance qui nous lie à lui. Dieu s'engage envers l'homme, et l'homme doit s'engager envers Dieu par la foi, par une confiance qui dure sans interruption en sa miséricorde.

Tous ceux qui séparent l'homme de cette relation sont ***« Les œuvres sataniques »,*** donc l'iniquité, le péché. C'est l'homme qui souhaite se rendre réel et effectif en se mettant à exécuter en dehors de cette relation les œuvres sataniques, c'est l'homme qui réclame la capacité à gérer seule sa vie quotidienne et sa souveraineté, c'est l'ensemble des œuvres sataniques, qui se ferment à Dieu et au Christ et qui cherchent à détourner l'homme de faire la volonté de Dieu **:** ***« Résistez-lui avec une foi ferme, sachant que les mêmes souffrances sont imposées à vos frères dans le monde. »1Pi5 :9.***

L'homme, dans son humanité, est le lieu, l'enjeu d'un combat où s'affronte deux puissances de vie et de mort : ***« l'œuvre de la croix »,*** et, ***« l'œuvres satanique ».*** Jésus-Christ a été crucifié à la croix avec deux brigands, l'un à sa droite et l'autre à sa gauche, et ainsi s'accompli ce que dit l'Ecriture : ***« il a été mis au nombre des malfaiteurs. » (Mc15 :28).***

Même Jésus de sa bouche a déclaré lui-même : ***« Je ne suis pas venu appeler des justes, mais des pécheurs. » Matthieu 9 :13 b***. C'est pourquoi Dieu puisse qu'il soit miséricordieux, il accorde encore le temps à l'homme de se repentir (de quitter les œuvres sataniques), hélas l'homme par son incrédulité ne veut pas se repentir et meurt toujours pécheur : ***« je lui ai donné du temps, afin qu'elle se repentît, et elle ne veut pas se repentir de son impudicité. » Ap2 : 21.*** Dieu fait mourir dans l'homme les bénédictions, et rend à l'homme selon ces œuvres, à moins que cet homme se repente de ses œuvres sataniques. ***« Car je reconnais mon iniquité, je suis dans la crainte à cause de mon péché » Psaumes 38 :19***. Que l'homme reconnaisse ses transgressions, et ses péchés qui sont constamment devant l'Eternel, reconnaitre ce qu'il a fait, qu'il a été infidèle à l'Eternel son Dieu, qu'il a dirigé çà et là ces pas vers les œuvres sataniques et il n'a pas mis la parole de Dieu en pratique. Aussi cet homme à la croix ensemble avec Jésus, il ne s'était pas repentit contrairement, il lui injurie ***« l'un des malfaiteurs crucifiés l'injurieux, disant : n'es-tu pas le Christ ? Sauve-toi toi-même, et sauve-nous. » Luc23 : 39***. Son ami s'est repentit immédiatement à la croix avant sa mort : ***« souviens-toi de moi, quand tu viendras dans ton règne. » Luc23 :42 ;*** et Christ l'a promis : ***« aujourd'hui tu seras avec moi dans le paradis » Luc23 :43***

CHAPITRE II. QUE REPRESENTE CERTAINS PERSONNAGE AU GOLGOTHA ?

Le livre de l'Evangile selon ***Jn 10 :10 (a),*** dit : ***« le voleur ne vient que pour dérober, égorger, et détruire. »***

A la montagne il y avait : les deux brigands crucifiés avec Christ et les hommes qui contemplèrent l'évènement, (les sacrificateurs, pharisiens et scribes, les soldats romains…). ***Dans Lc 10 :19***, dit : ***« voici je vous ai donné le pouvoir de marcher sur la tête de serpent, de scorpion, et sur toute la puissance de l'ennemi et rien ne pourra vous nuire. »*** Jésus nous présente Satan comme, un voleur, un tueur, et un destructeur et lui comme un bon Berger : ***« Le voleur ne se présente que pour voler, pour tuer et pour perdre ; moi je suis venu pour que les hommes aient la vie et qu'ils l'aient en abondance. » Jn 10 : 10***

La volonté de Dieu sur l'homme est qu'il ait la vie en abondance, qu'il soit vraiment libre d'approuver et de s'associer à cette relation qui dépasse la mesure ordinaire, qui est grand et fort d'amour qui unit Jésus à son Père afin que l'homme ait la vie en abondance, donc qu'il soit dans une joie parfaite : ***« je vous ai dit ces choses, afin que ma joie soit en vous, et que votre joie soit parfaite. » Jn 15, 11***

La Volonté du Père est que nous bénéficions cet amour, sans aucune obligation.

A. Les personnages présents au Golgotha

1. Le serpent : il est représenté au Golgotha, par l'un des brigands crucifiés avec le Christ qui l'a promis : ***« aujourd'hui tu seras avec moi au paradis » (Lc 23 :43).***

Car un serpent est un animal reptile apode bien que tout reptile apode ne soit pas un serpent, il est ovipare (rarement ovovivipare) du groupe solitaire, le serpent est un démon tentateur, il est la figure du mal, de l'ingratitude, Le serpent est un animale rusé. Ces mensonges qui sont les œuvres sataniques, détournent de la vérité et disent ce que l'homme aime entendre. Il donne à l'homme des fausses ***« bonnes nouvelles »*** qui sont les œuvres sataniques : ***« ne lui dis pas cela ! Cela lui fera de la peine et lui mettra en colère, mieux vaut faire comme rien n'était ! Tu ne le changeras quand même pas. Cela ne vaut pas la peine d'en faire toute une discussion. Fais-en à ta tête et tais-toi. Il ne le remarquera peut-être même pas ! »***

Le serpent est le maître de ces mensonges... pour ne pas blesser, et de ces évitements... Pour ne pas entrer en conflits. Il cache ce qu'il pense dans un but malveillant et joue sur nos points faibles. Le serpent est un reptile prudent : ***« soyez prudents comme les serpents, et simple comme les colombes. » (Mt.10 :16 b),*** rusé, et venimeux ; le diable est ainsi nommé, c'est lui, le serpent ancien (Ap. 12 :9,14, 15), qui séduisit Eve par sa ruse dans le jardin d'Eden : ***« Toutefois, de même que le serpent séduisit Eve par sa ruse. » (2Co11 :3 a).*** Le diable a un plus d'un tour dans son sac, le serpent cité par Jésus dans l'Evangile selon ***Lc10 :19a : « voici, je vous ai donné le pouvoir de marcher sur le serpent »***, est le comportement que Christ a cité en ***(jn 10:10) : « le voleur ne vient que pour dérober »,*** ceci fait partie d'une des qualités particulières (des œuvres sataniques) qui était aussi à la croix de Golgotha ensemble avec le Christ. Les œuvres de Satan ici comme un serpent est d'extraire la croyance désavantageuse par tous les moyens possibles pour mettre en doute cette liberté de relation et d'amour à laquelle l'homme est invité. Satan est celui qui tue l'homme et ment dès l'origine : ***« Dès le commencement, il s'est attaché à faire mourir***

l'homme… lorsqu'il profère le mensonge, il puise dans son propre bien car il est menteur et père du mensonge. » Jn 8 : 44

Les œuvres sataniques cherchent en particulier à séduire l'homme pour qu'il se détourne de sa foi, donc de l'œuvre de la croix. Les œuvres sataniques de leur : préférence d'amitié, d'affection, de goût de Satan et le mensonge, la confusion des paroles et des pensées qui peuvent se traduire par une recherche de grandeur et de puissance engendrant des actes de destruction ou d'autodestruction.

2. Le scorpion : il est représenté par le second brigand celui qui injurie le Christ à la croix, le scorpion est un animal des pays chauds de l'ordre d'arthropode de la classe des Arachnides, dont la queue est armée d'un dard relié à une glande à venin ; sa piqûre est douloureuse et peut être mortelle, le scorpion est une personne perfide capable de frapper dans le dos : ***« Elles avaient des queues semblables à des scorpions et des aiguillons, et c'est dans leurs queues qu'était le pouvoir de faire du mal aux hommes pendant cinq mois. » Ap.9 :10. (AP.9 :3,5),*** la mission d'un scorpion cité par Christ dans l'Evangile selon ***Lc10 :19b : « voici, je vous ai donné le pouvoir de marcher sur le scorpion »,*** est le comportement que Christ a cité dans ***Jn 10:10 « le voleur ne vient que pour égorger »,*** tourmenter, comme ce brigand qui cherchait à tourmenter le Christ à la croix, ***« égorger »*** fait partie d'une des qualités particulières (des œuvres sataniques) de Satan ; qui était aussi à la croix de Golgotha ensemble avec le Christ. Les œuvres sataniques comme un scorpion, est clairement de séparer l'homme de Dieu et d'importuner extrêmement la nature humaine et à inciter l'homme aller à l'emportement de l'abîme, à la confusion totale.

Pour développer son projet de mort de l'homme, Satan utilise toutes ces œuvres communément appelées les œuvres sataniques.

3. La puissance de l'ennemi : cette puissance est représentée par les hommes qui ont crucifiés Jésus à la croix de Golgotha (les soldats romains, les prêtres, pharisiens et scribes…)

La puissance est le pouvoir d'imposer son autorité, est une domination, une force. Les hommes veulent toujours dominés, commandés pour détruire d'autres hommes : ***« Car nous n'avons pas à lutter contre la chaire et le sang, mais contre les dominations, contre les autorités, contre les princes de ce monde de ténèbres, contre les esprits méchants dans les lieux célestes. » (Eph 6 :12).*** ; La puissance de l'ennemi cité par Christ dans l'Evangile selon ***Lc10 :19c : « sur toute la puissance de l'ennemi »*** est le comportement que Christ a cité dans ***(Jn 10:10) : « le voleur ne vient que pour détruire »,*** car ceci fait partie d'une des qualités particulières de Satan (les œuvres sataniques). L'homme séparé de Dieu, vit dans une fausse apparence matérielle ou morale qui, en lui faisant voir les choses autrement qu'elles ne sont pas, semble se jouer de son sens ou de son esprit d'une toute-puissance représentative et consciente que l'homme a de soi-même. Qui atteint son moment le plus aigu, d'une sensation, d'un sentiment, d'une passion, d'un évènement ou phénomène dans la doctrine qui place l'homme au-dessus de tout, la protection des intérêts du consommateurs par des associations, la domination par le pouvoir, la guerre, la méditation profonde sur quelque matière, l'attachement excessif à la possession d'argent, de richesses sans en faire l'usage et tous les désordres possibles pour rassasier pleinement et satisfaire un besoin ou une passion violente, ce besoin de se sentir vivant et puissant de manière autonome, sans accessoire d'une chose principale, de tout ce qui tient ou se rattache à une chose sans la constituer essentiellement, quitte à mettre sa vie en danger ainsi que celle des autres. L'homme agit sans aucun discernement avec des passions qui trouble le jugement, ou qui manque de lumière, de raison, ce qui qualifie les passions qui troublent le jugement ou plus globalement des sentiments qui ne permettent pas la réflexion.

Si nous comprenons très bien à la montagne il y avait les œuvres sataniques qui sont :

- La destruction (la nuisance)
- Egorger (tuer)
- Dérober (voler)

Jésus a fait réunie toutes les œuvres sataniques en fin de pouvoir bien les détruire à la montagne. Le diable ne vient pour :

- Dérober (voler) qui représente le serpent
- Egorger (tuer) qui représente le scorpion
- Détruire (nuire) qui représente la puissance de l'ennemi

C'est pourquoi Jésus a dit : ***« tout est accompli » (Jn 19 :3)***. Parce qu'il a rassemblé toutes les œuvres sataniques en fin de les détruire : ***« car le fils de Dieu a paru pour détruire les œuvres du diable. » (1 épître de jn3 :8 b).***

Un slogan dit : ***« on détruit la magie par la magie, le feu par le feu, et le froid part le froid »*** ; c'est pourquoi pour que Christ détruise les œuvres du diable il a fallu, qu'il les détruise par une autre œuvre qui est l'œuvre de la croix. Si quelqu'un veut détruire les œuvres sataniques doit croire en Seigneur Jésus-Christ qui est notre Seigneur est là tu seras sauvé : ***« Si tu confesse de ta bouche le Seigneur Jésus, et si tu crois dans ton cœur que Dieu l'a ressuscité des morts, tu seras sauvé. » (Ro 10 :8).***

C'est en croyant du fond de ton cœur, que tu parviendras à la justice, et si tu confesse de ta bouche que Jésus est ton seul Dieu véritable et tu abandonnes les œuvres sataniques, tu parviendras au salut, selon ce que dit l'Ecriture : ***« Quiconque croit en lui ne sera pas confus. » (Ro10 :11)***.

C'est pourquoi : ***« il n'y a donc maintenant aucune condamnation pour tous ceux qui sont en Christ » (Ro 8 :1).*** Il n'y a donc maintenant aucune condamnation pour tous ceux qui abandonne les œuvres sataniques et croient en Seigneur Jésus-Christ.

CHAPITRE III. POURQUOI CHRIST N'ETAIT PAS CRUCUFIE DANS D'AUTRES ENDROIT QU'A LA MONTAGNE ?

Selon le livre des Nombres ***« l'Eternel dit à Moise, et dit : Fais-toi un serpent brûlant, et place-le sur une perche ; quiconque aura été mordu, et le regardera, conservera la vie » (Nb 21 :8).***

N.B perche : est un bois du cerf, du drain, du chevreuil, qui porte plusieurs andouilles, la perche est une longue pièce de bois. Moïse ne devrait pas placer le serpent brulant en bas parce que tout celui qui a été mordu par le serpent ne pouvait pas lui voir, c'est pourquoi il l'a placé sur une perche pour que tout celui qui a été mordu par le serpent puisse voir le serpent brûlant et conservé la vie. Jésus est aussi comparé à ce serpent brûlant que Moise avait placé sur une perche, pour que tout celui qui a été mordu par le serpent puisse le regarder et qu'il conserve la vie ; c'est pourquoi : ***« Tout celui qui invoquera le nom de l'Eternel sera sauvé » (Ro 10 :13)***. Or que tout celui qui regardait le serpent brûlant été sauvé, Jésus déclare : ***« Tout celui qui conservera sa vie la perdra et tout celui qui perdra sa vie pour moi la conservera » (Mt 10 :38)***. Ces serpents étaient les œuvres sataniques et Jésus a détruit ; or, le serpent brûlant était placé sur une longue perche de bois pour lui distinguer des autres serpents, et Jésus le oint du très haut était crucifié à la cime d'une montagne pour lui distinguer de d'autres sauveurs qui lui ont précédés , et qui n'ont pas sauvé le monde entier mais juste une partie d'un peuple, or que Jésus-Christ a sauvé le monde entier comme le dit les Ecritures ***« le lendemain, il vit Jésus venir à lui et il dit : voici, l'Agneau qui ôte le péché du monde » (Jn 1 :29)***.

Pourquoi Jésus était crucifié à la montagne ? C'est pour que les serviteurs qui lui ont précédés descendent et que lui monte, et soit élevé au-dessus de tous, pour qu'il soit adoré : ***« lorsqu'ils introduisent le nouveau dans le***

monde, le premier-né, il dit : Que tous les anges de Dieu l'adorent » (Hé 1 :6). Qui peut ne pas adorer c'est qu'un ange de Dieu adore ? C'est pour quoi Jésus est devenu d'autant supérieur aux anges qu'il a hérité d'un nom plus excellent que le leur ***« il s'est humilié lui-même, se rendant obéissant jusqu'à la mort, même jusqu'à la mort de la croix, , v9 C'est pourquoi Dieu aussi l'a souverainement élevé, et lui a donné le nom qui est au-dessus de tout nom, V10, afin qu'au nom de Jésus tout genoux fléchisse dans les lieux , sur la terre et sous la terre ; V11, et que toute langue confesse que Jésus-Christ est Seigneur, à la gloire de Dieu le père .» (Phillipiens 2 :8, 9, 10,11).***

Attention !

A. Moise n'a pas sauvé : les américains, les asiatiques, les océaniens, les européens, les africains, mais il a sauvé qu'un seul peuple, l'Israelite : « ***Maintenant, va, je t'enverrai auprès de Pharaon, et tu feras sortir d'Egypte mon peuple, les enfants d'Israël » (Ex3 :10).***

B. Elie à son époque il y avait plusieurs veuves qui mourraient de la famine, mais lui a sauvé qu'une seule de la ville de Sarepta : ***« Elle alla, et elle fit selon la parole d'Elie. Et pendant longtemps elle eut de quoi manger, elle et sa famille, aussi bien qu'Elie. » (1Rs 17 :15)***. Elie a sauvé cette veuve parce qu'il y avait son intérêt de bien se ravitailler de la nourriture durant son séjour à Sarepta

C. Elisée à son époque il y avait plus des femmes stériles Sunamites de Sunem ; Mais il a sauvé qu'une seule : ***« Elisée lui dit : A cette même époque, l'année prochaine, tu embrasseras un fils. » (2Rs 4 :16 a).***

D. Jean Baptiste a prêché et baptisé mais le péché continuait et le monde n'a pas était sauvé et d'ailleurs lui-même dit, après avoir lui posé cette question : ***« pourquoi donc baptises-tu, si tu n'es pas le Christ, ni Elie, ni***

le prophète ? » (Jn 1 :25) ; écoutez sa réponse : ***« je baptise d'eau, mais au milieu de vous il y a quelqu'un que vous ne connaissez pas, qui vient après moi ; je ne suis pas digne de délier la courroie de ses souliers. » (Jn 1 :26,27).***

E. Christ est venu : ***« c'est pourquoi, comme par un seul homme le péché est entré dans le monde, et par le péché la mort, et qu'ainsi la mort s'est étendue sur tous les hommes, parce que tous ont péché… » (Ro 5 :12,*** et ***V18) : « Ainsi donc, comme par une seule offense la condamnation a atteint tous les hommes, de même par un seul acte de justice la justification qui donne la vie s'étend à tous les hommes. »***

C'est pourquoi, comme par la désobéissance d'un seul homme beaucoup ont été rendus pécheurs, de même par l'obéissance d'un seul beaucoup seront rendu juste par l'offense d'un seul la mort a régné, par lui seul, a plus forte raison ceux qui recouvrent l'abondance de la grâce et du don de la justice régneront-ils dans la vie par le Seigneur Jésus-Christ notre Sauveur lui seul.

Christ était crucifié à la montagne parce que, une lampe mise sous la table n'éclaire pas mais ce qui est sur la table éclaire : ***« Et on n'allume pas une lampe pour la mettre sous le boisseau mais on la met sur le chandelier et elle éclaire tous ceux qui sont dans la maison. » Mat 5 :15***. *Or*, Jésus est la lampe qui éclaire le monde d'entier c'est pourquoi, il a été crucifié sur la montagne pour qu'il éclaire le monde, car ce qui est sur la montagne se laisse voir partout : ***« cette lumière était la véritable, qui, en venant dans le monde éclaire tout homme. » (Jn 1 :9).***

Quiconque craint l'Eternel et écoute la voix du Seigneur Jésus Christ, et si tu marches dans l'obscurité et tu manques la lumière confies-toi en Jésus Christ, et appuie-toi sur sa parole, alors sa justice marchera devant toi et sa gloire t'accompagnera, ceci est un moyen pour détruire les œuvres sataniques : ***« Jésus leur parla de nouveau, et dit : je suis la lumière du monde et celui qui ne marchera pas dans les ténèbres mais il aura la lumière de la vie. » Jn 8 :12*** : ***« Pendant que je suis dans le monde, je suis la lumière du monde. » Jn 9:5. L***es œuvres du diable se manifestent par les ténèbres (l'obscurité), et les œuvres du Seigneur Jésus-Christ se manifestent par la lumière, l'appel à se repentir suit naturellement l'appel à suivre Jésus. Se détourner de nos péchés se fait lorsque nous nous tournons vers Jésus. Voilà la véritable conversion, l'union de la foi et de la repentance. Avant de nous appeler à renoncer à tout, le Fils a renoncé à sa gloire, il a quitté son Père, il s'est fait simple homme et s'est rendu obéissant jusqu'à la mort. Sa croix au Golgotha, c'est le lieu de rencontre entre le Dieu saint et l'homme pécheur, est la porte qui donne accès au chemin de vie, un chemin étroit et droit, le seul qui permet à celui qui l'empreinte de venir au Père, selon ce qu'a dit Jésus : **« Je suis le chemin, la vérité, et la vie. Nul ne vient au Père que par moi » (Jn 14:6).** L'incarnation est ce mouvement de Dieu qui se dépouille de ses attributs divins pour susciter dans le silence et la douceur la confiance des hommes. Dieu a foi en l'homme, il a confiance en lui, il le cherche et espère sa réponse non par puissance et grandeur mais par amour et dans l'amour. L'incarnation est le moyen incroyable que Dieu utilise pour détruire les œuvres sataniques. Si nos faiblesses et nos blessures sont les portes d'entrées que Satan peut utiliser pour nous souiller par le contact d'un objet impur ou malpropre de ses pensées et de ses pulsions charnelles causant la mort, qui sont les œuvres sataniques, Dieu a choisi également ce qu'il y a comme point faible en nous pour venir nous dire combien il nous aime et nous unir à lui : ***« Mais Dieu prouve son amour envers nous, en ce que, lorsque nous étions encore des pécheurs, Christ est mort pour nous. » Ro 5 :8.***

C'est Dieu qui veut pénétrer tout notre être : ***« Voici, je me tiens à la porte, et je frappe. Si quelqu'un entend ma voix et ouvre la porte, j'entrerai chez lui, je souperai avec lui, et lui avec moi. » Ap.3 :20***. Il connaît nos blessures… et que nous avons tous été blessées depuis que nous étions petits. Il sait que ce monde de ténèbres, de peurs, de culpabilité en nous s'est constitués très tôt.

Dieu veut pénétrer dans cette partie fermée, obscure, douloureuse de notre être pour nous libérer.

DEUXIEME PARTIE

COMMENT CONSTRUIRE LES OEUVRES CHRISTIQUES ?

DU VERTUEUX A L'AFFERMISSEMENT

Ces conditions ne sont pas toutes, toute fois Dieu dans sa miséricorde pourra inspirer à l'homme ce qu'il doive faire comme, il nous a inspirés aussi ces quatre conditions. Pour construire les œuvres christiques voici au moins quatre conditions suivantes :

- **Il faut avoir la foi en Jésus**
- **Il faut être disciple de Jésus-Christ**
- **Il faut être enfant de de Dieu (Jésus-Christ)**
- **Il faut avoir amour de Jésus-Christ**

CHAPITRE IV. IL FAUT AVOIR LA FOI EN JESUS-CHRIST

1. Qu'est-ce qu'on entend par la foi ?

La foi est un engagement durable de la confiance, La première des trois vertus théologales, qui fait que le croyant adhère aux vérités révélées de Dieu et transmises par son Église ; La foi est l'attitude de l'homme qui accepte et tient pour vraies des réalités qui sont maintenant invisibles, ou incontrôlables ***« Or la foi est une ferme assurance des choses qu'on espère, une démonstration de celles qu'on ne voit pas. » Hb 11.1.*** Elle est un acte par lequel l'homme s'en remet volontairement à Dieu, le reconnaissant comme fidèle et capable de tenir ses promesses ***« et ayant la pleine conviction que ce qu'il promet il peut aussi l'accomplir » Rm 4.21; (cf. Hb 11.11; Rm 10.11)***, suivant des formes variables telles que : parole donnée, promesse, profession de foi, serment, contrat, traité, alliance, conventions diverses, crédit, fidélité, assurance ; indispensable au salut : Hébreux11:6

Le mot « foi », dans la Bible, est l'un des mots utilisés pour décrire l'attitude de l'homme devant Dieu. Il est traduit par le latin « fides » et le grec « pistis » qui ont le sens premier de « confiance », et ne sont donc pas des mots du vocabulaire religieux, ni du vocabulaire de la croyance Les mots latins « fides » et « foedus » (pacte, accord, alliance) proviennent d'une même racine indo-européenne, « beidh » qui a donné aussi en grec ,FOI « pistis » ; le verbe croire, en grec, provient de la même racine) (cf. G. Dumézil, Idées romaines ; G. Freyburger, Fides. Étude sémantique et religieuse)

Hébreux 11:1 définit la foi comme l'assurance ou fondement des choses qu'on espère, et la conviction ou preuve, motif de conviction de celles qu'on ne voit pas. La foi est la Connaissance du Dieu révélé, la foi se fonde sur ce qu'on entend, et ce qu'on entend par la Parole de Dieu ***« Ainsi la foi vient de ce qu'on entend, et ce qu'on entend vien de la parole de Christ » Romains 10:17***. Dans la Parole, la foi n'est pas une simple opinion ou croyance, mais une ferme conviction qui s'appuie sur Dieu, sur Jésus-Christ, sur des choses invisibles et spirituelles. Il a été dit de la foi qu'il n'y a aucune vertu en elle, mais qu'elle établit un lien entre l'*âme* et le Dieu infini. C'est pourquoi la foi est :

- ✓ **La Confiance en Sa Parole :**

« En lui vous aussi, après avoir entendu la parole de la vérité, l'Evangile de votre salut, en lui vous avez cru et vous avez été scellés du Saint-Esprit qui avait été promis, » Éph 1:13. Du fait que la confiance se donne et se reçoit, la valeur du mot « foi » oscille entre le sens actif de « faire confiance » (avoir foi, avoir la foi) et le sens passif d'« inspirer confiance » (faire foi, être digne de foi, jouir d'un crédit, être fiable). La foi ne se réduit pas à la confiance ; elle l'oriente. Elle peut l'orienter en deux directions complémentaires : la foi que nous accordons à la parole d'autrui ou à son témoignage oriente vers lui notre confiance (sens actif) ; la bonne foi, l'intention droite, oriente vers nous la confiance (sens passif), elle nous vaut un crédit moral. Sous ces deux directions opposées (la foi qui nous rend confiants, la foi qui nous rend fiables), on peut reconnaître l'exigence d'une relation réciproque entre les personnes diversement concernées par les enjeux de la foi. La parole donnée engage une relation réciproque entre la loyauté de l'un et la confiance de l'autre. En donnant sa foi, on se donne soi-même à reconnaître. Tu ne peux avoir qu'une parole ; il y va de toi. Le projet de Dieu sur chacun de nous est de nous faire entrer dans ce mouvement de confiance et d'abandon pour recevoir et goûter la vie en abondance.

Jésus sait aussi qu'il est des parties en nous qui ont du mal à faire confiance, qui ont été malmenées, abusées, violentées

✓ **L'Espérance dans les promesses de Dieu** :

« Et, sans faiblir dans la foi, il ne considéra point que son corps était déjà usé, puisqu'il avait près de cent ans, et que Sara n'était plus en état d'avoir des enfants. V20 Il ne douta point, par incrédulité, au sujet de la promesse de Dieu ; mais il fut fortifié par la foi, donnant gloire à Dieu. » Romains 4:19-20. L'apôtre Paul a enseigné que ***« la foi est une ferme assurance des choses qu'on espère, une démonstration de celles qu'on ne voit pas » (Hébreux 11:1)***. La foi est un principe d'action et de pouvoir. Chaque fois que nous travaillons à un objectif louable, nous exerçons notre foi. Nous faisons preuve d'espoir pour quelque chose que nous ne pouvons pas encore voir. L'espérance des croyants dans l'accomplissement des promesses de Dieu ; le retour du Seigneur, appelée bienheureuse ***« en attendant la bienheureuse espérance, et la manifestation de la gloire du grand Dieu et de notre Sauveur Jésus-Christ, » Tite 2 :13***, l'espérance contrairement à l'espérance humaine qui comporte une part d'incertitude, l'espérance chrétienne a été décrite comme une attente heureuse et confiante. Elle s'appuie sur les promesses certaines de Dieu, qui ne peut mentir. Elle s'attache à ce qui est invisible et futur ***« Car c'est en espérance que nous sommes sauvés. Or, l'espérance qu'on voit n'est plus espérance : ce qu'on voit, peut-on l'espérer encore ? » Ro 8 :24***. La bienheureuse espérance.

✓ **Le Motif qui pousse le croyant à agir** :

« Or sans la foi il est impossible de lui être agréable ; car il faut que celui qui s'approche de Dieu croie que Dieu existe, et qu'il est le rémunérateur de ceux qui le cherchent. » Hébreux 11 :6 Pour un bon nombre de nos contemporains chrétiens, la foi n'est ni plus ni moins que l'expression de leur croyance en Dieu. Avoir la foi veut dire croire que Dieu existe, sans plus. Nous aurions tort de penser que cette allusion ne vise que l'approche catholique de la foi. Avec le temps, cette approche a subtilement gagné une bonne partie des milieux évangéliques. Nombreux sont ceux qui, aujourd'hui, se disent chrétiens (nés de nouveau) simplement parce qu'ils disent croire que Dieu existe et qu'ils vont à l'église tous les dimanches. Mais non ! La foi n'est pas simplement de croire que Dieu existe !

On ne trouve nulle part dans l'Écriture un tel concept selon lequel la foi serait le simple fait de croire que Dieu existe. Croire que Dieu existe ne sauve personne. Croire que Dieu existe n'a rien à voir avec la foi. En fait, mis à part les athées convaincus, tout le monde croit en Dieu. Or, croire qu'il existe ne signifie en rien que la foi soit impliquée. Dans nos sociétés, croire en Dieu est un phénomène culturel bien avant d'être un phénomène spirituel. Aller à l'église le dimanche est une tradition intégrée à nos mœurs et ce, même chez les évangéliques. Croire en Dieu n'est qu'un phénomène culturel, constatons tous ensemble qu'une bonne partie des gens qui composent l'assemblée de nos très saintes Églises évangéliques le dimanche matin ne marchent pas avec Dieu durant la semaine. Ils se rendent à l'église seulement parce qu'ils ont pleinement intégré ce mouvement à leurs habitudes de vie. Rien ne montre un comportement de foi. Pour eux, aller à l'église est une activité culturelle et sociale, pour eux à l'église, on prie, on chante et on dance.

La foi est une manière de vivre sa vie. Je dirais même plus : la foi est une façon de concevoir la vie en tenant compte de ce que Dieu déclare dans sa Parole. La rencontre du dimanche matin devrait être un moment de célébration où tous ceux qui marchent par la foi se réjouissent ensemble. Or, ce n'est plus tout à fait cela qu'on observe maintenant. On marche peu ou pas avec Dieu durant la semaine et, le dimanche, on va à l'église sans trop savoir pourquoi. Pourtant, on continue de s'y rendre, car il s'agit malheureusement d'une simple habitude culturelle. Marcher par la foi ; C'est en marchant par la foi que notre vie chrétienne prend tout son sens. Marcher par la foi veut dire s'attendre à Dieu en toute chose et vivre de plus en plus en dépendance de ses provisions. Marcher avec Dieu c'est *« une ferme assurance des choses qu'on espère, une démonstration de celles qu'on ne voit pas ». (Hébreux 11:1)* Enfin, nous devons suivre Jésus comme Seigneur. Après avoir ressuscité Christ comme Vainqueur sur le péché et la mort, Dieu lui a donné toute autorité (Éphésiens 1.20-23). Jésus guide tous ceux qui l'acceptent et il jugera tous ceux qui le rejettent ***« Et Jésus nous a ordonné de prêcher au peuple et d'attester que c'est lui qui a été établi par Dieu juge des vivants et des morts. » Actes 10.42.***

✓ **L'Ensemble des vérités chrétiennes** :

Exode ***« Bien aimés, comme je désirais vivement vous écrire au sujet de notre salut commun, je me suis senti obligé de le faire afin de vous exhorter à combattre pour la foi qui a été transmise aux saints une fois pour toutes. » Jude 3***. La foi vient de ce qu'on entend et ce qu'on entend par la Parole de Dieu (Romains 10:17). La foi procède de la révélation que Dieu donne de lui-même à l'homme (Rm 10.17; Hb 1.1-2). Pour susciter la foi, Dieu se sert d'instruments humains qui collaborent avec l'Esprit et la Parole de Dieu ***« ce n'est pas pour eux seulement que je prie, mais encore pour ceux qui croiront en moi par leur parole, » Jn 17.20.*** Dieu ne demande pas de croire sans discernement et sans réflexion. La foi repose sur une connaissance ***« Et comment croiront-ils en celui dont ils n'ont pas entendu parler ? » Rm 10.14b,*** elle est une réponse aux affirmations de l'Evangile ***« En effet, dans tout le prétoire et partout ailleurs, nul***

n'ignore que c'est pour Christ que je suis dans les liens » Php 1.13; (1 Co 15.1-4).

2. Différents aspects de la foi :

La foi est présentée sous divers aspects, voici au moins quelques-uns

A. le moyen grâce auquel on acquiert le *salut « **Car c'est par la grâce que vous êtes sauvés, par le moyen de la foi. Et cela ne vient pas de vous, c'est le don de Dieu. » Éph2:8 :***

Pour que la foi mène au salut, elle doit être centrée sur le Seigneur Jésus-Christ ***« Jésus est la pierre rejetée par vous qui bâtissez, Et qui est devenue la principale de l'angle » Actes 4:11*** ; Nous pouvons exercer notre foi au Christ quand nous avons l'assurance qu'il existe, une idée correcte de sa personnalité et la conscience que nous nous efforçons de vivre en accord avec sa volonté. Avoir foi en Jésus-Christ signifie se reposer entièrement sur lui : faire confiance à son pouvoir, son intelligence et son amour infinis. Cela comprend croire à ses enseignements. Cela signifie croire que, bien nous ne comprenions pas toutes choses, lui, les comprend. Parce qu'il a ressenti toutes nos douleurs, nos afflictions et nos infirmités, il sait comment nous aider à surmonter nos difficultés quotidiennes. Il a ***« vaincu le monde » (Jean 16:33)*** et nous a préparé la voie pour que nous recevions la vie éternelle. Il est toujours prêt à nous aider si nous nous souvenons de son exhortation : ***« Tournez-vous vers moi dans chacune de vos pensées, ne doutez pas, ne craignez pas » Le deuxième pas suivant l'appel de Jésus est de croire « la bonne nouvelle » Mc 1.1),*** qui est l'Évangile. Dans le contexte de l'Évangile selon Marc, l'Évangile est la bonne nouvelle que Dieu est enfin venu accomplir sa promesse de rendre le salut accessible au monde entier. La raison de sa venue est le royaume de Dieu, qui est le thème central des enseignements de Jésus. Jésus a annoncé que ***« le royaume de Dieu est proche »,*** car il était venu. Jésus, le Messie, était Dieu fait homme pour offrir le salut au monde. Ainsi, croire en l'Évangile est une autre façon de dire : ***« je crois en Jésus, qui est le Christ, le Messie, le Fils de Dieu »***. Nous devons reconnaître que Jésus est le Fils éternel de Dieu qui s'est fait homme. Né d'une vierge par la puissance de l'Esprit-Saint, Jésus n'a pas hérité de la nature pécheresse d'Adam. Il est donc appelé le dernier Adam (Corinthiens 15.45). Tandis que la désobéissance d'Adam a apporté la malédiction du péché dans le monde, l'obéissance parfaite de Christ apporte une bénédiction. Notre réponse doit être de nous repentir (nous détourner du péché) et de chercher le pardon en lui.

B. L'énergie intérieure du *croyant* nourri par la Parole de Dieu et dirigé par l'Esprit Saint

« Que personne ne méprise ta jeunesse ; mais sois un modèle pour les fidèles, en parole, en conduite, en charité, en foi, en pureté. » 1 Timothée 4:12 :

Nous apprenons que la foi au Seigneur Jésus-Christ est le fondement. Nous mesurons notre foi à ce qu'elle nous amène à faire — à notre obéissance. « Si vous avez foi en moi, vous aurez le pouvoir de faire tout ce qui est utile en moi[8]. » La foi est un catalyseur. Sans œuvres, sans vie vertueuse, notre foi n'a pas le pouvoir de faire de nous des disciples. En fait, la foi est morte[9].

C. L'ensemble des vérités chrétiennes et des bénédictions divines reçues par la foi

« En exposant ces choses aux frères, tu seras un bon ministre de Jésus-Christ, nourri des paroles de la foi et de la bonne doctrine que tu as

exactement suivie. » 1 Timothée 4:6 (Éphésiens 4:5 ; Jude 3 ; 2 Pierre 1:1) :

Les églises locales peuvent connaître une expansion rapide, car beaucoup de gens adhèrent facilement à la foi chrétienne pour ses valeurs et son message qui les touchent, sans pour autant que ce message ne les confronte dans leur façon de vivre. Le problème est que certaines églises compromettent le véritable message de l'Evangile, en voulant être politiquement correctes et n'offenser personne, de peur de perdre des gens ou de sembler trop radicales. Jésus-Christ. Il est le seul chemin qui relie l'homme à Dieu, la vérité qui démasque les utopies et délivre des liens occultes, la vie abondante et intarissable à laquelle aspire tout être humain. Notre unique raison d'être dans ce monde, sans être de ce monde, est de refléter Jésus-Christ par nos vies, d'être l'odeur du Fils bien-aimé du Père parmi les hommes qu'il a tant aimés. La foi chrétienne en Dieu créateur permet d'affirmer que tout être humain est créé à l'image et la ressemblance de Dieu, c'est-à-dire que tout être humain, dans ce qu'il a d'unique et d'irremplaçable, est voulu par Dieu pour porter quelque chose de sa bonté, de sa beauté et de sa grandeur. Il y a par nature un lien entre la créature et le créateur.

D. Un *don* particulier utile à l'*Assemblée*

« À un autre, la foi, par le même Esprit, » 1 Corinthiens 12:9a :

Les non-baptisés sont des enfants du Dieu créateur sans doute mais pour devenir, le jour venu, s'ils mettent leur foi dans la promesse du Père, des fils et des filles dans le Fils, capables de vouloir de toute leur volonté ce que Dieu veut. Marquer la nouveauté qu'apporte le baptême respecte la liberté d'adhésion de ceux qui ne connaissent pas le Christ ou qui ne veulent pas être chrétien. Cette nouveauté rend également compte du chemin qu'auront à faire les enfants baptisés bébé par engagement de leur parent pour adhérer au don reçu. En Christ, nous avons déjà les prémices d'une pleine puissance de souveraineté et de règne. Même s'il ne s'agit que des prémices, il faut en être conscient et il faut la mettre en œuvre car la nature de Dieu, même à l'état embryonnaire en nous, nous permet de dépasser toute autre forme de puissance et d'autorité sur cette terre. Il y a donc une différenciation spirituelle importante entre celui qui connait Dieu et celui qui ne le connait pas. Et cette différenciation doit être visible physiquement, et non pas présente seulement dans l'esprit des chrétiens ! L'autorité et la puissance qui se dégagent de la nature même de Dieu en nous doivent marquer la différence dans nos vies et autour de nous. Chaque jour, les enfants de Dieu pleurent, alors que c'est eux qui ont la puissance la plus grande sur terre, un don ! C'est en cela que Dieu dit en ***Osée 4:6 « Mon peuple est détruit, parce qu'il lui manque la connaissance. »*** et si notre connaissance des choses de Dieu s'accroît, s'accroitra aussi notre victoire!

3. Le mystère de la foi et de la piété

a. Le mystère de la foi

« Mais ils ne feront pas de plus grands progrès ; car leur folie sera manifeste pour tous, comme le fut celle de ces deux hommes. » 1Tim 3 :9

Doit être gardé dans une connaissance pure. La foi désigne ici l'ensemble des vérités chrétiennes. Pour le chrétien, les enseignements de l'Ecriture doivent être reçus dans le cœur pour produire une marche agréable à Dieu. Alors « le sentier des justes est comme la lumière resplendissante » Pr 4 :18. C'est un chemin mystérieux pour l'homme, ***« un sentier que***

l'oiseau de proie ne connait pas, et que l'œil du vautour n'a pas aperçu » Jb 28 :7.

b. Le mystère de la piété ***« Toute Ecriture est inspirée de Dieu, et utile pour enseigner, pour instruire dans la justice » 1Tim 3 :16.***

Se résume dans la connaissance de la personne du fils de Dieu, fils de l'homme, venu en chair comme la parole incarnée pour accomplir l'œuvre de la rédemption ? Connaître cette personne par la foi dans des affections renouvelées est le seul secret d'une vie de piété.

Si ces deux mystères de la foi et de la piété sont gardés par les chrétiens individuellement, l'assemblée prospérera sur la terre et rendre un témoignage clair vis-à-vis du monde

4. Sortes de foi

Mais nous pourrons voir dans cette histoire quatre sortes de foi et beaucoup se retrouveront dans l'une ou l'autre des catégories. Elles sont : 1) La foi crédule, 2) La foi couarde ou lâche, 3) La foi commerciale et 4) La foi confiante ou courageuse.

A. La foi crédule « Obéis si tout le monde le fait » :

La pensée qui circule de nos jours est exprimée par la phrase : Peu importe ce que chacun croit, il suffit qu'il ait une foi en quelque chose. Or chacun ne recevra que ce que l'objet de sa foi peu lui apporter ; que ce soit son argent, sa personne, son leader politique, l'entreprise sur laquelle il a tout misé, son « dieu », sa bien-aimée ou ses enfants, etc. Cette foi crédule est si répandue ; elle a fait de l'occident une société de "moutons". Les entreprises investissent de grosses sommes d'argent pour produire une publicité montrant une star utilisant un certain produit (dentifrice ou lunettes) sachant que cela aura une influence sur un grand nombre de personnes parce qu'ils font ce que font les autres. On justifie bien des pratiques parce que « tout le monde le fait » (même si ce n'est pas vrai que tout le monde le fait). Nebucadnetsar a mis en œuvre des principes de manipulation des humains qui sont encore utilisés de nos jours.

B. La foi couarde (lâche) ***« Obéis si tu ne risques rien »*** :

Comment se fait-il qu'il n'y avait que trois juifs qui soient restés debout quand les instruments ont retenti pour donner le signal de se prosterner devant l'idole dressée par le roi Nebucadnetsar. Il est estimé qu'il y avait 70 000 juifs à Babylone à cette époque. Où étaient-ils tous ? Quand Elie était seul sur le Carmel avec les 450 prophètes de Baal et les 400 prophètes d'Astarté ***« Et Elie dit au peuple : je suis resté seul des prophètes de l'Eternel, et il y a quatre cent cinquante prophètes de Baal. » 1Rois 18 :*** 22, où étaient les 7000 qui n'avaient pas plié le genou devant Baal ? Ces chrétiens couards apparaissent après et disent ***« nous sommes avec toi ! Nous prions pour toi ! »*** Ils n'ont pas la même foi que les trois jeunes qui se sont fait remarqués pour leurs convictions. Ils se disent : ***« vivants, nous pouvons être de meilleurs témoins. Quel témoignage aurions-nous une fois que nous sommes des cendres ? »***. En réalité, ils craignent ***« la fournaise »*** plus que Dieu. Celui qui craint vraiment Dieu ne craint aucun autre.

Nombreux sont ceux qui ont une foi couarde. Ils promettent de prier pour ceux qui sont courageux. C'est pour eux-mêmes qu'il faut prier. Ceux qui placent leur confiance en Dieu sont soutenus par la grâce que Dieu accorde. Nous ne craignons pas les ***« fournaises ardentes »*** mais les collègues et les copains. Jésus dit : ***« Car quiconque aura honte de moi et de mes paroles au milieu de cette génération adultère et pécheresse, le***

Fils de l'homme aura aussi honte de lui, quand il viendra dans la gloire de son Père, avec les saints anges » Marc 8:38.

C. La foi commerciale ***« Obéis si cela te rapporte quelque chose »*** :

Nombreux sont ceux qui ne croient qu'en vue de ce qu'ils obtiendront de Dieu. Notons ce que disent les trois jeunes israélites : ***« Voici, notre Dieu que nous servons peut nous délivrer de la fournaise ardente, et il nous délivrera de ta main, ô roi. Sinon, sache, ô roi, que nous ne servirons pas tes dieux, et que nous n'adorerons pas la statue d'or que tu as élevée »*** Dan 3 : 17-18. Nous sommes à une époque où l'on fait la promotion de Jésus en disant : ***« Si vous croyez, vous serez riches »*** ou ***« Si vous croyez, vous serez guéris »***. Schadrac, Méschac et Abed-Nego, n'ont pas marchandé avec Dieu avant de décider s'ils placeraient leur confiance en lui. La réalité sur le sujet est que Dieu délivre parfois et d'autres fois il accompagne dans l'épreuve. Est-ce que vous continuez à croire en Dieu parce qu'il vous a guéri ou donné un emploi ? Si votre foi repose sur ce que Dieu fera pour vous plutôt que sur ce qu'il veut être pour vous, vous avez une foi commerciale. Un de ces jours, il ne répondra à votre prière comme vous le désirerez et vous serez fâchés avec lui comme beaucoup d'autres le sont. Vous direz que Dieu vous a lâché, qu'il vous a abandonné ou qu'il ne vous aime plus.

Satan a voulu faire croire à Dieu que la foi de Job était commerciale (Job croit à cause de la bénédiction). Job était seul dans cette épreuve mais il a dit : ***« quand même il me tuerait, je ne cesserais d'espérer en lui » Job 13 : 15.***

• Si Dieu ne vous donnait plus ce que vous lui demandez dans la prière, vous l'abandonnez

• d'autres croient en Dieu de manière intéressée ou croient en lui parce qu'il est Dieu

D. La foi confiante et encourageante *« Obéis si c'est juste »* :

La vraie foi ne consiste pas à dire ***« Dieu nous délivrera ! »***. Schadrac, Méschac et Abed-Nego ne savaient pas si Dieu les délivrerait. Il en était capable mais voudrait-il le faire. Une chose était certaine pour eux : il est le vrai Dieu. La vraie foi consiste à obéir quel que soit les circonstances ou les conséquences. On ne présente pas de contrat à Dieu. Ils se sont souvenus du premier et du second commandement (Ex 20 : 3-6) et il n'y avait rien à négocier ***« Schadrac, Mechac et Abed Nego répliquèrent au roi Nebucadnetsar : Nous n'avons pas besoin de te répondre là-dessus. » Dan 3 : 16.*** Remarquez que dans Hébreux 11, il y a d'une part ceux qui ont cru et obtenu, et d'autre part ceux qui ont cru avec la même foi et qui n'ont pas obtenu de délivrance « d'autres … » - Héb 11 : 35. On vous dit : ***« Si tu es malade c'est que tu n'as pas la foi ».*** N'oublions que personne n'a été plus fidèle que Jésus et pourtant il est resté pauvre toute sa vie. La foi, c'est d'obéir à Dieu quelque soient les circonstances. A la fin, Nebucadnetsar qui était à l'origine de cette idolâtrie, est devenu admiratif de la foi de Schadrac, Méschac et Abed-Nego (Dan 3 : 28). Ils avaient dit : ***« Notre Dieu peut nous délivrer » (Dan 3 : 17)***. Mieux vaut entrer dans la fournaise ardente à cause de notre foi que de se retrouver dans le Lac de Feu parce que nous n'avons pas cru au Nom du Fils de Dieu. L'appel de Jésus à croire en l'Évangile est, en réalité, un appel à croire en lui. Ce qu'il faut que vous sachiez alors que vous commencez à prendre en considération l'appel de Jésus à croire en lui, c'est qu'en fin de compte, notre foi fera une différence pour la seule raison que c'est une foi en Jésus, qui est le Fils de Dieu, le Roi du royaume de Dieu. Il nous arrivera de lutter et de douter, mais Jésus, en qui nous plaçons notre confiance, est inébranlable.

Dieu honore cette foi confiante et courageuse. Abraham avait cette foi en quittant Ur, sa ville d'origine. Connaissez-vous les noms des voisins d'Abram qui s'étaient certainement moqués de lui ? Mais le monde entier a entendu parler d'Abraham. Moïse a préféré s'associer au peuple de Dieu que d'avoir toute la richesse de l'Egypte (Héb 11 : 24-26).

Ce ne sont pas les prières ou les louanges que nous faisons monter vers Dieu qui révèlent la nature de notre foi mais la « fournaise » de l'épreuve. Les crises ne font pas les hommes mais elles mettent en valeur ce de quoi ils sont faits. Paul dit : ***« je souffre ces choses ; mais j'en ai point honte, car je sais en qui j'ai cru, et je suis persuadé qu'il a la puissance de garder mon dépôt jusqu'à ce jour-là » (2Tim 1 : 12).*** Le « feu » éprouvera la nature de la foi de chacun.

La foi des Thessaloniciens s'était révélée comme une foi saine, vraie et courageuse. C'est pour cela que Paul dit qu'il avait reçu de bonnes nouvelles concernant leur foi (1Thes 3 : 6).

5. L'objet de la foi. La réalité de la foi

La foi a un contenu ***« Et c'est à cause de cela que je souffre ces choses ; mais j'en ai point honte, car je sais en qui j'ai cru, et je suis persuadé qu'il a la puissance de garde mon dépôt jusqu'à ce jour-là. Retiens dans la foi et dans la charité qui est en Jésus Christ le modèle des saines paroles que tu as reçues de moi. Garde le bon dépôt, par le Saint Esprit qui habite en nous. » 2 Tm 1.12-14***; elle n'est pas un mysticisme sans objet, elle n'est pas même une conviction sur l'existence de Dieu, ou une adhésion à une doctrine. L'objet de la foi est une Personne : Dieu lui-même, révélé en Jésus-Christ ***« Jésus prit la parole, et leur dit : Ayez foi***

en Dieu. » Mc 11.22; Jn 14.1. La foi porte aussi sur les paroles et les actes de Dieu (Jn 5.24; Jn 12.46-48). La vraie foi, la foi obéissante, se démontre par des actes visibles qui en manifestent la réalité ***« il en est ainsi de la foi : si elle n'a pas les œuvres, elle est morte en elle-même » Jc 2.14-17 (Jc 1.22-25; 1 Th 1.8-9),*** La foi est indispensable et suffisante pour obtenir le salut mais aussi pour progresser dans la vie chrétienne ***« Car c'est par la grâce que vous êtes sauvés, par le moyen de la foi. Et cela ne vient pas de vous, c'est le don de Dieu. » Ep 2.8; (Hb 11.6; Hb 6.11-12; Col 2.6-7***). C'est par la foi que l'homme reçoit de nombreuses bénédictions : il est mis au bénéfice de l'œuvre de Jésus-Christ et des promesses de Dieu ***« Aussi l'Ecriture, prévoyant que Dieu justifierait les païens par la foi, a d'avance annoncé cette bonne nouvelle à Abraham : Toutes les nations seront bénies en toi » Ga 3.6-8; 2 Co 1.20,*** il est justifié (Ga 2.16; Ac 13.38-39) et reçoit la vie éternelle (Jn 3.16; Jn 5.24) il reçoit le Saint-Esprit (Ga 3.2; Ep 1.13) il a la liberté de s'approcher de Dieu et d'entrer en communion avec Lui (Ep 3.12; Hb 10.22; 1 Jn 1.3) il reçoit l'exaucement de ses prières (Mt 21.21-22) il peut résister au diable et devenir victorieux du péché (1 Pi 5.8-9; Ep 6.16) il est gardé par la puissance de Dieu ***« De même, vous qui êtes jeunes, soyez soumis aux anciens. Et tous, dans vos rapports mutuels, revêtez-vous d'humilité ; car Dieu résiste aux orgueilleux, mais il fait grâce aux humbles. » 1 Pi 1.5***, Dieu permet la tentation pour épurer la foi, pour en faire ressortir ce qui est réellement authentique. L'épreuve de la foi est destinée à perfectionner et fortifier le croyant (1 Pi 1.6-7; Jc 1.2-4). La Parole de Dieu, la Bible, déclare avec insistance que le juste doit vivre par la foi ***« parce qu'en lui est révélée la justice de Dieu par la foi et pour la foi, selon qu'il est écrit : Le juste vivra par la foi. » Romains 1:17***.

CHAPITRE V. IL FAUT ETRE DISCIPLE DE JESUS-CHRIST

1. Qui est un disciple de Jésus ?

Chacun des 12 apôtres de Jésus-Christ ; nom donné aussi à ceux et à celles (70 ou 72) qui le suivaient et l'aidaient et auxquels il confia des missions temporaires d'évangélisation ; désigne également les premiers chrétiens et les chrétiens fervents. (Latin ecclésiastique discipulus, élève). Personne qui reçoit l'enseignement d'un maître, fait partie de son école. Les disciples de Jésus sont ses élèves, les Evangiles relatent quelques-unes de leurs expériences. Depuis vingt siècles, les disciples de Jésus n'ont pas cessé d'être à l'école de leur Maître. Se déclarer chrétien, c'est professer croire et suivre Jésus. Dans le monde relativiste où nous sommes, il est absolument capital que tout chrétien soit au clair sur les implications d'une telle déclaration.

Jésus a très clairement énoncé les conditions à satisfaire pour être son disciple : ***« Si quelqu'un vient à moi, sans me préférer à son père, sa mère, sa femme, ses enfants, ses frères, et ses sœurs, et même sa propre vie, il ne peut être mon disciple. Et quiconque ne porte pas sa croix, et ne me suit pas, ne peut être mon disciple. [...] Ainsi donc, quiconque d'entre vous ne renonce pas à tout ce qu'il possède ne peut être mon disciple » (Luc 14:26-27,33)***.

Entre les versets 27 et 33, Jésus donne deux exemples significatifs : celui de l'homme qui, avant de bâtir, calcule la dépense, et celui du roi qui, avant d'engager le combat, examine le rapport de force des troupes en présence ; ils soulignent tous deux la nécessité d'être au clair sur le prix à payer pour être disciple. Un disciple est quelqu'un qui a été baptisé et qui désire prendre sur lui le nom du Sauveur et le suivre. Un disciple s'efforce de devenir comme lui en obéissant à ses commandements dans la mortalité ;

tout comme un apprenti s'efforce de devenir comme son maître. Beaucoup de gens entendent le mot disciple au sens de ***« suiveur ».*** Mais le véritable sens renvoie à un état. Cela suggère davantage que d'étudier et de mettre en pratique une liste de qualités individuelles. Les disciples vivent de façon à ce que les qualités du Christ soient tissées dans les fibres mêmes de leur être, comme dans une tapisserie spirituelle. Un disciple de Jésus est quelqu'un qui a reçu Jésus comme Sauveur et Seigneur, et qui le suit en ne vivant plus pour lui-même, mais en vivant pour faire la volonté de Dieu pour sa vie. Peu importe le prix à payer, il le suit. Il est mort à lui-même, et c'est Christ qui vit en lui. Il suit son maître et met en pratique ses enseignements, tout en répondant à son appel principal : celui de gagner des âmes. C'est facile de se dire ***"chrétien"***, mais entrer dans la dimension de disciple est une tout autre chose. Soyez-en certain, être disciple de Jésus vous coûtera tôt ou tard. Soit il vous faudra mourir à des ambitions personnelles qui ne viennent pas pleinement de Dieu, soit il s'agira de quitter votre pays pour répondre à son appel, ou encore vous devrez renoncer à des façons de vivre qui ne sont pas en accord avec la Parole de Dieu Etre disciple de Jésus-Christ, c'est quitter le chemin large et facile que se trace l'être humain autonome, pour s'engager sur le chemin étroit et droit qui va de la croix au Père. C'est veiller constamment à ne pas s'en écarter, mettre une croix sur le monde et se savoir crucifié pour lui, tenir fermement les promesses de Dieu, ne vivre que pour lui et par lui. L'élève que nous sommes appelés à être n'est jamais plus que son Maître ; ses souffrances sont aussi notre lot, elles sont incontournables, mais pour le disciple comme pour le Maître, elles précèdent la gloire (relisez ce qu'en dit Paul en Romains 8:18). Jésus dit la vérité, il ne berce jamais d'illusions ceux qui l'écoutent. Etre son disciple coûte le prix fort. Il ne s'agit de rien de moins que de renoncer à tout pour le suivre ; c'est clair et net, il faut le savoir et nous en souvenir. Le disciple doit donner la priorité à son Maître et faire passer sa famille au second rang. Il doit renoncer à tout ce qu'il possède, même à sa propre vie. Il doit se charger chaque jour de sa croix et suivre ainsi son Maître. Etre disciple de Jésus-Christ est tout sauf une sinécure ! Si vous ne voyez pas ce qu'il a fait, vous n'allez pas suivre un tel Maître. Jésus n'a jamais prêché la facilité. Le prix fort il l'a payé avant de nous l'indiquer.

En réfléchissant au prix à payer pour être disciple de Jésus-Christ, il convient de nous souvenir de ce qu'il a affirmé au terme du Sermon sur la montagne : ***« Ceux qui me disent : Seigneur, Seigneur ! N'entreront pas tous dans le royaume des cieux, mais celui-là seul qui fait la volonté de mon Père qui est dans les cieux » Mt 7:21.*** Impossible d'être disciple au rabais! Si nos actes ne sont pas conformes à la volonté du Père, il n'y a qu'une solution : nous repentir et obéir.

2. SIX CARACTERISTIQUES D'UN DISCIPLE

Matthieu Giralt Disciple de Jésus-Christ, Matthieu est marié à Alexandra. Il est diplômé de l'École des Beaux-Arts de Bordeaux et de l'Institut Biblique de Genève. Pasteur dans une Église à Étupes. Étudiant à la Faculté de Théologie Jean Calvin. Il fait aussi partie de Majestart. Ses sujets favoris ? La #culture, l'#art, la #mission, et parler de Jésus !

A. Le disciple est prêt à être rejeté :

Une des premières difficultés que rencontrent Jésus et ses disciples est le rejet ***« Luc 9 : 51-56. »*** On comprend aisément, vu les relations conflictuelles entre juifs et samaritains, le rejet auquel ils sont confrontés. De la même manière, le disciple de Jésus aujourd'hui sera rejeté par le monde. Mais Jésus nous rappelle qu'il ne faut pas réagir de la même manière que les disciples face à ce rejet, leur réaction est la colère – meurtrière, et Jésus les a repris : ils n'étaient pas là pour juger, mais pour annoncer le salut. Afficher notre christianisme nous amènera à être rejetés par le monde, mais ces obstacles ne doivent pas nous décourager.

Nous devons continuer à proclamer l'Évangile, même face aux oppositions. Le rejet fait partie de la vie du disciple, mais il doit être l'occasion de manifester l'amour de Christ, même – et surtout – face à l'incompréhension et à l'hostilité de nos contemporains. Le meilleur exemple est le rejet de Jésus lui-même, qui mena à sa mort. Mais face à ses bourreaux, Jésus fit preuve d'un amour qui nous dépasse ***« Jésus dit : Père, pardonne-leur, car ils ne savent ce qu'ils font. Ils se partagèrent ses vêtements, en tirant au sort » Luc 23 :34***. Aussi, nous ne devons pas oublier qui est notre maître et ne pas craindre ceux qui peuvent faire mourir le corps, les hommes ***« Je vous dis, à vous qui êtes mes amis : ne craignez pas ceux qui tuent le corps et qui après cela, ne peuvent rien faire de plus » Luc 12.4.*** Celui que nous devons craindre, c'est Dieu.

B. Le disciple aime son prochain :

Une des caractéristiques fondamentales du disciple est l'amour du prochain. C'est cet amour qui fait grâce et qui a fait la différence entre la réaction des disciples et celle de Jésus quand ils furent rejetés par les Samaritains ***« Jésus se tourna vers eux, et les réprimanda, disant : vous ne savez de quel esprit vous êtes animés. » Luc 9 :55***. L'amour que Jésus manifeste doit être notre exemple suprême : celui qui veut suivre Jésus doit aimer comme Jésus.

La parabole du 'bon Samaritain' est très parlante à ce sujet. Alors que tous ceux qui se croyaient importants – et l'étaient dans la société de l'époque – passent à côté de l'homme à demi-mort, seul le Samaritain l'aidera. Pourtant, c'est celui qui avait le plus de 'raisons' de ne pas le faire. L'attention que porte le Samaritain à l'homme blessé et la générosité dont il fait preuve ***« le lendemain, il tira deux derniers, les donna à l'hôte, et dit : Aie soin de lui, et ce que tu dépenseras de plus, je te le rendrai à mon retour. » Luc 10 :35*** sont un exemple pour le disciple, il doit aider son prochain, celui qui se trouve sur sa route.

C. Le disciple est humble :

L'humilité est un autre des traits du disciple. Comme l'amour, c'est en Jésus que nous trouvons le meilleur des exemples. C'est l'humilité dont il a fait preuve qu'il nous faut revêtir. Le disciple ne doit pas chercher à se mettre en avant mais plutôt à placer les autres avant lui, à chercher l'intérêt de son prochain au lieu du sien ***« Car quiconque s'élève sera abaissé, et quiconque s'abaisse sera élevé. » Luc 14 : 11.*** Il ne doit pas chercher à donner à qui pourra lui rendre ***« Et tu seras heureux de ce qu'ils ne peuvent pas le rendre la pareille ; car elle te sera rendue à la résurrection des justices. » Luc 14.14 ;*** en sachant qu'il lui sera rendu à la résurrection des justes. C'est l'expression de la générosité désintéressée. L'humilité et la générosité soulignent son amour pour le prochain.

Cette humilité, Jésus en parle dans la parabole du 'pharisien et du publicain'. Le pharisien qui prie debout se vante d'être mieux que le publicain, alors que l'humilité du publicain le pousse à se reconnaitre pécheur et à craindre Dieu. Jésus dit que c'est le publicain qui fut justifié plutôt que l'autre ***« Je vous le dis, celui-ci descendit dans sa maison justifiée, plutôt que l'autre. Car quiconque s'élève sera abaissé, et celui qui s'abaisse sera élevé. » Luc 18.14*** ; et nous explique que celui qui s'abaisse sera élevé. Celui au contraire qui s'élève sera abaissé. Car c'est Dieu qui élève ou abaisse, celui qui manque d'humilité et cherche à s'élever lui-même sera abaissé par Dieu. Le disciple doit par conséquent veiller à son humilité, à mettre toujours Dieu en avant.

D. Le disciple est totalement attaché à Jésus et totalement détaché du monde :

Les premiers disciples pouvaient-ils savoir ce qui les attendait s'ils décidaient de suivre Jésus ? Ils n'en savaient probablement pas grand-chose. Pourtant, lorsque Jésus les a appelés, ils l'ont suivi. Marc raconte l'histoire d'une façon qui laisse entendre assez clairement que croire en Jésus implique de le suivre en tant que disciple.

Alors que certains obstacles à la marche du disciple sont extérieurs (comme le rejet des autres), certains – et pour la plupart – sont intérieurs. Et avec l'engagement total vient le détachement total : nous ne pouvons-nous attacher totalement à Dieu que dans la mesure où nous sommes totalement détachés de tout le reste, c'est à dire de tout ce qui est susceptible soit de nous retenir, soit de nous freiner dans notre marche. Cet attachement peut se manifester sous plusieurs formes : le confort peut nous retenir. La vie du disciple n'est pas caractérisée par le confort et Jésus lui-même nous invite à considérer cela ***« Jésus lui répondit : les renards ont des tanières, et les oiseaux du ciel ont des nids : mais le fils de l'homme n'a pas un lieu où il puisse reposer sa tête. » Luc 9.58***. Qui dit engagement dit dépense et Jésus insiste sur le fait que nous devons réaliser ce qu'il en coûte de le suivre. Le prix à payer est élevé – et ô combien la récompense est plus élevée encore – et il nous faut prendre conscience des implications de la vie de disciple pour pouvoir nous engager réellement.

Il ne s'agit pas d'un engagement d'un temps, mais de toute une vie. Jésus nous le dit clairement : il est la priorité, celui que nous devons préférer à tous, même à notre famille ***« Si quelqu'un vient à moi, et s'il ne hait pas son père, sa mère, sa femme, ses enfants, ses frères, et ses sœurs, et même à sa propre vie, il ne peut être mon disciple. » Luc 14.26 (Luc 12 :***

52 ;), et nous devons être prêts à renoncer à tout ce qui nous retient, c'est à dire tout ce que nous possédons, pour être son disciple ***« Ainsi donc, quiconque d'entre vous ne renonce pas à tout ce qu'il possède ne peut-être mon disciple. » Luc 14 : 33***. Ce détachement concerne particulièrement l'argent et les biens de ce monde, Jésus est encore une fois très clair: on ne peut servir deux maîtres en même temps. Celui qui est asservi par l'argent ne peut suivre Jésus (Luc 16). Il nous faut nous détacher de l'emprise que peut avoir l'argent pour nous mettre sous le joug léger de Jésus. Mais peut-être le passage le plus clair concernant la nécessité de tout laisser pour suivre Christ se trouve dans la parabole dite du 'jeune homme riche' ***« Luc 18 :18-30 ».*** Ce dernier, ayant demandé comment hériter la vie éternelle s'est vu répondre simplement par Jésus : il lui fallait vendre ses biens, distribuer le gain aux pauvres avant de pouvoir suivre Jésus ***« Jésus, ayant entendu cela, lui dit : il te manque encore une chose : vends tout ce que tu as, distribue-le aux pauvres, et tu auras un trésor dans les cieux, puis viens, et suis-moi. » Luc 18.22.*** Et c'est là la condition et le comportement que le disciple doit adopter pour pouvoir suivre Jésus, se détacher de l'argent pour s'attacher à Christ. Le jeune homme riche avait du mal à échanger un trésor visible actuel pour un trésor invisible dans les cieux à venir. La richesse terrestre passe avec le riche ***« le pauvre mourut, et il fut porté par les anges dans le sein d'Abraham. Le riche mourut aussi, et il fut enseveli. » Luc 16.22.*** Alors que la vraie richesse du disciple est en Dieu (Luc 12.21). Le disciple ne s'amasse pas des richesses qui pourrissent mais un trésor inépuisable dans les cieux ***« Vendez ce que vous possédez, et donnez-le en aumônes. Faites-vous des bourses qui ne s'usent point, un trésor inépuisable dans les cieux, om le voleur n'approche point, et où la teigne ne détruit point. » Luc 12.33***.

E. Le disciple est totalement dépendant de Dieu :

Le disciple qui a tout abandonné pour suivre Jésus doit s'attendre à Dieu, Dieu sait ce qui est bon pour nous et veut que nous dépendions totalement de lui. Puisqu'il ne compte plus sur les richesses de ce monde, il doit s'attendre à ce que Dieu lui donne. Si Dieu donne à manger aux oiseaux, à combien plus forte raison donnera-t-il aux disciples qui valent plus que les oiseaux. Jésus dit à ses disciples de ne pas s'inquiéter ***« Jésus dit ensuite à ses disciples : c'est pourquoi je vous dis : Ne vous inquiétez pas pour votre vie de ce que vous mangerez, ni pour votre corps de quoi vous serez vêtus. » Luc 12.22***, Dieu sait ce dont ils ont besoin et les invite à chercher plutôt le royaume de Dieu. ***« Car toutes ces choses, ce sont les païens du monde qui les recherchent. Votre Père sait que vous en avez besoin. » Luc 12.30-31***. Cette dépendance est autant matérielle que spirituelle.

En chemin, Jésus s'arrête chez Marthe ***« Le Seigneur lui répondit : Marthe, Marthe, tu t'inquiètes et tu t'agites pour beaucoup de choses. Une seule chose est nécessaire. Marie a choisi la bonne part, qui ne lui sera point ôtée. » Luc 10 : 41-42***. Cette scène nous donne encore un enseignement pratique sur les priorités que doit avoir le disciple, il doit en premier écouter Jésus – donc sa parole – plutôt que de chercher à faire des choses pour lui. Le disciple qui va se nourrir de la parole de Dieu pourra ensuite le servir selon cette parole. Cela nous invite, en tant que disciple, à toujours rechercher à être à l'écoute de Dieu, à chercher ce qu'il peut nous apporter avant de chercher à lui apporter quelque chose. Aussi le vrai disciple garde la parole de Dieu ***« Et il répondit : Heureux plutôt ceux qui écoutent la parole de Dieu, et qui la gardent ! » Luc 11.28***, elle est pour lui une bénédiction. Notre dépendance doit aussi se manifester en termes de dépendance spirituelle.

F. . Le disciple attend le retour de Jésus-Christ :

Le disciple doit être vigilant. Jésus l'a promis, il reviendra. Et ce retour – la parousie – doit être l'objet d'une ferme espérance et d'une attente soutenue. Le Seigneur nous exhorte à la vigilance ***« Vous aussi, tenez-vous prêts, car le fils de l'homme viendra à l'heure où vous n'y penserez pas. » Luc 12 : 40***. Nous ne savons pas quand le maitre reviendra ; en conséquence, nous devons nous tenir prêt à tout instant ***« Luc 12.40 »***. Jésus utilise le déluge et le temps de Lot – la destruction de Sodome – et compare les temps qui le précédaient à ceux qui précèderont sa seconde venue : tout le monde vivait comme si rien n'allait arriver ***« Luc 17.22-37 »***. Mais nous, sachant tout cela, nous devons rester vigilant et veiller, car tout cela arrivera sûrement et bientôt, à l'heure où nous n'y penserons pas ***« Luc 12.40 »***.

Un disciple de Jésus est une personne qui a entendu son appel et qui y a répondu en se repentant, en croyant à l'Évangile et en suivant Jésus. Examinons maintenant chacun de ces points.

Entendre l'appel de Jésus Alors que vous essayez de comprendre ce qu'est un disciple de Jésus, la première chose à considérer est que Dieu est mystérieusement à l'œuvre derrière nos pensées et nos actions. Certains de mes amis appellent cela ***« l'affaire de Dieu »***. Un vrai disciple n'est pas seulement inspiré par Jésus ; il est transformé par lui. L'âme des premiers disciples a goûté à la puissance surnaturelle de Jésus au moment où ils ont entendu l'appel de Jésus. Ce n'est donc pas étonnant qu'ils aient quitté tout ce qu'ils étaient en train de faire pour le suivre ! Celui qui entend l'appel de Jésus se repentira, croira en l'Évangile et suivra Jésus, parce qu'avec l'appel de Jésus vient la puissance de répondre à cet appel. ***« Puis-je entendre l'appel de Jésus aujourd'hui ? »***

C'est une question assez prévisible, car Jésus ne marche plus sur la terre aujourd'hui, et il ne regarde plus les gens directement dans les yeux lorsqu'il leur dit : ***« Suis-moi »***. Néanmoins, Jésus appelle encore des hommes et des femmes, jeunes et vieux, à devenir ses disciples — il les appelle à la repentance, à croire en l'Évangile et à le suivre. On peut encore entendre l'appel de Jésus lorsque les paroles de Jésus ou d'autres passages de la Bible sont lus et enseignés. On peut aussi entendre l'appel intérieurement grâce à l'œuvre surnaturelle de Dieu dans notre cœur et notre esprit. Arrêtez-vous et réfléchissez à la façon dont vous avez été personnellement appelé à suivre Jésus Il se peut que tout ceci soit très nouveau pour vous. D'un autre côté, beaucoup d'entre vous avez grandi en entendant parler de Jésus et de ses enseignements. Toutefois, cet enseignement doit être reçu personnellement et appliqué à notre propre vie. Je suis celui que Jésus appelle à se repentir, à croire et à le suivre. Il est tout à fait possible de suivre Jésus pour des raisons complètement humaines, mais un tel appel ne dure pas, et plusieurs anciens « disciples » vont même aller voir autre chose. Or, un vrai disciple appelé par Jésus ne dévie pas de sa route, et il continue d'avancer malgré tous les obstacles qui se présentent, parce qu'avec l'appel de Jésus vient également sa puissance transformatrice. Si vous venez de réaliser que vous n'êtes pas encore pleinement disciple de Jésus, je vous encourage à faire les pas qu'il faut pour entrer pleinement dans ce que le Seigneur a demandé à ceux qui veulent le suivre.

CHAPITRE VI. IL FAUT ETRE ENFANT DE DIEU

Nom donné au croyant en vertu de l'adoption et du privilège que le sacrifice du Christ lui a acquis.

Les termes d' « enfant de Dieu » et de ***« fils de Dieu »*** sont employés indifféremment dans les divers livres de la Bible, quoique, en particulier dans le N.T., le terme de ***« fils »*** semble bien marquer une nuance de filialité d'un degré supérieur ; Jean-Baptiste l'avait déjà nettement marqué : ***« N'allez pas dire en vous-mêmes : Nous avons Abraham pour père ; car je vous dis que de ces pierres Dieu peut faire naître des enfants à Abraham » (Mt 3:9).***: ***« Il fait lever son soleil sur les méchants et sur les bons » (Mt 5:45)*** ; mais cette filialité qui relie l'homme à Dieu n'est en quelque sorte que potentielle, faite de possibilités et d'espérances. Il faut, pour la réaliser, qu'il y ait de la part de l'enfant de Dieu un choix fait, une ***« nouvelle naissance » (Jn 3:3),*** une vie conforme à la volonté du Père : ***« Aimez vos ennemis et priez pour ceux qui vous persécutent, afin que vous soyez les fils de votre Père » (Mt 5:44 et suivant).*** Ces conditions se retrouvent partout, dans la lettre comme dans l'esprit de l'Évangile. Il faut être parfait, ***« comme votre Père céleste est parfait » Mt 5:48.*** Pour être ***« fils de Dieu »*** il faut procurer la paix (Mt 5:9). Il faut pardonner à son prochain : ***« Si vous ne pardonnez pas aux hommes leurs fautes, votre Père ne vous pardonnera pas non plus les vôtres » (Mt 6:15).*** Dans l'Ancien Testament, le Fils de Dieu est Israël ***« Mon fils premier-né, c'est Israël », Exode, 4, 22.*** En tant qu'il est choisi par Dieu pour une mission particulière et que, en retour, il lui doit une obéissance absolue (Jérémie, 31, 20). L'Éternel reste bien, aux yeux des Juifs, le Créateur de tous les hommes ; mais, parmi toutes ses créatures, il est, dans un sens unique, le Père du peuple qu'il a élu, adopté. Comme dans l'A.T ; C'est Israël qui est son fils. *« Ainsi a dit l'Éternel : Israël est mon fils, mon premier-né » (Ex 4:22)*.

A cette déclaration Dieu ne fait pas trop la différence entre fils et enfant : ***« Quand Israël était enfant, je l'avais pris en affection, et j'appelai mon fils hors d'Egypte » (Os 11:1).*** Dans cette idée, tous les hommes sont bien enfants de Dieu, Dieu tantôt appel enfant ou fils ***« Malheur, dit l'Éternel, aux enfants rebelles » (Esa 30:1).*** Alors il y a de ces enfants qui ne sont pas rebelles ; comme dans ces déclarations : **« L'Éternel l'a vu, et dans son indignation il a rejeté ses fils et ses filles. Il a dit : Je leur cacherai ma face... car ils sont des enfants auxquels on ne peut se fier » (De 32:19,20, cf. De 8:5, Ps 82:6,7)** ; ***« Vous êtes les enfants de l'Éternel votre Dieu... car tu es un peuple consacré à l'Éternel, ton Dieu, et l'Éternel t'a choisi parmi tous les peuples qui sont sur la face de la terre pour que tu sois son peuple particulier. »*** **Dans De 14:1-2.** Nous retrouvons cette idée qu'entre fils et enfant il n'y a pas la différence, tout dépend de l'appellation employée dans le texte, mais ça au moins une idée lorsqu'un homme est pécheur est un enfant de Dieu, lorsqu'il se repente, et revient à Dieu, cet homme devient fils de Dieu en réalité si c'était cette idée alors l'épître de Jean devrait tombée : ***« c'est par là se font reconnaitre les enfant de Dieu et du Diable »,*** il ne s'agit pas d'être fils pour être unique à Dieu et pêcheur comme enfant ce qui est quelque chose : ***« c'est d'être une nouvelle créature en Dieu » Ga 6 :18*** ; et de savoir qu'une fois l'homme se sépare du péché et se repent a pour père Dieu qu'il soit enfant ou un fils. C'est pourquoi tous ceux de l'Ancienne Alliance ne pouvaient pas recevoir la plénitude de l'Esprit telle que nous pouvons la recevoir aujourd'hui parce qu'ils n'étaient pas pleinement rachetés puisque le sang des boucs et des taureaux ne pouvait pas pleinement le faire. Nous, nous pouvons la recevoir parce que le sang de

Jésus nous a pleinement rachetés pour Dieu. La Bible dit que le Saint-Esprit nous a ainsi scellé, c'est-à-dire qu'actuellement nous avons déjà formés en nous les prémices complets de la nature parfaite (enfant de Dieu) de ce que nous serons ; pour parler un langage courant : de manière embryonnaire, nous avons la nature même de Dieu en nous, nous avons « le même ADN » que le Seigneur, nous sommes de la famille même de Dieu : ***« N'est-il pas ton Père, ton Créateur ? N'est-ce pas lui qui t'a formé et affermi ? » (De 32:6-15).*** Nous avons ainsi sur cette terre déjà en nous cette nature y compris cette puissance, même si elles ne seront réellement pleinement manifestées qu'au ciel lorsque nous serons éclatants de la gloire de Dieu lui-même. Rappelons-nous que dans le plan initial de Dieu, Adam dominait déjà. Le but de Dieu n'a pas changé ; au contraire, il a atteint des niveaux encore plus glorieux : le plan final de Dieu, c'est que nous régnions toujours sur sa création mais cette fois-ci avec une gloire comme celle de Dieu lui-même étant devenu par adoption ses enfants en Jésus-Christ. L'Esprit est l'esprit de la rédemption c'est à dire qu'il caractérise le rachat et vient sur les rachetés. Dieu nous a racheté totalement et nous a rendus semblables à Lui en nous unissant à Lui. Le Signe et le Réalisateur de ceci c'est le Saint-Esprit : il nous remplit parce que nous sommes des rachetés : La naissance spirituelle fait d'une personne un enfant de Dieu : ***« Mais à tous ceux qui l'ont reçue [la Parole], à ceux qui croient en Son nom, elle a donné le pouvoir de devenir enfants de Dieu, lesquels sont nés, non du sang, ni de la volonté de la chair, ni de la volonté de l'homme, mais de Dieu. » Jean 1.12-13***, c'est avant tout que le terme d' ***« enfant de Dieu »*** ne s'applique plus que très rarement à une collectivité comme le peuple d'Israël, mais désigne la créature humaine prise dans son individualité. Tout ce qui s'appliquait dans l'A. T, au peuple élu s'applique dans le N.T. à l'âme individuelle de l'enfant de Dieu. C'est pourquoi nous-mêmes, par une sorte de transposition psychologique, nous

nous appliquons en lisant l'A. T, les avertissements, les reproches et les paroles de pardon adressés par l'Éternel à son peuple (par ex. Esa 1:2,19) Et pourtant, la filialité de l'homme envers Dieu n'agit qu'au travers de la personne de Jésus : ***« En ce jour-là vous reconnaîtrez que je suis en mon Père, que vous êtes en moi, et que je suis en vous » (Jn 14:20)***. Et plus explicitement encore : ***« Nul ne vient au Père que par moi » (Jn 14:6)***. Jésus est le lieu sacré de la rencontre entre Dieu et ses enfants, et c'est par une sorte de procréation spirituelle, par une nouvelle naissance, que s'opère cette adoption paternelle. ***« Si un homme ne naît de nouveau, il ne peut voir le royaume de Dieu » (Jn 3:3)***. Cette déclaration fait de pauvres pécheurs des enfants du très-haut : ***« Quel amour le Père nous a témoigné que nous soyons appelés « enfants de Dieu », et nous le sommes' ! » (1Jn 3:1)***. En réalité, l'un des grands cadeaux que Jésus nous fait par sa venue c'est de nous faire devenir ***« enfant de Dieu »*** avec l'autorité qui en découle. Il faut comprendre ce terme « enfant de Dieu ». Selon Jean 5:18, être ***« enfant de Dieu »*** veut dire être de la nature même de Dieu, comme Dieu, doté d'une certaine puissance et d'une certaine autorité, capable de commander et de dominer sur toute la création avec une autorité divine, mettre en œuvre une puissance hors du commun, démontrer la puissance surnaturelle de Dieu. La Parole (Jésus) a donné à tous ceux qui l'ont reçue, tous ceux qui ont cru en son nom, la capacité de devenir ***« enfants de Dieu »***. Ce qui signifie clairement qu'avant ce moment où nous acceptons le Seigneur, nous ne le sommes pas ! C'est encore dire qu'il y a un changement de statut entre avant la foi et après la foi. Quelque chose doit avoir changé en nous, car Jésus ne serait pas descendu des cieux pour accomplir ce grand sacrifice en vain !

Dieu nous offre l'occasion d'être Ses enfants : ***« Voyez quel amour le Père nous a témoigné, pour que nous soyons appelés enfants de Dieu ! Et***

nous le sommes. Si le monde ne nous connaît pas, c'est qu'il ne L'a pas connu. » I Jean 3.1. Les chrétiens sont adoptés et deviennent membres de la famille de Dieu : ***« L'Esprit lui-même rend témoignage à notre esprit que nous sommes enfants de Dieu. » Romains 8.16 ; « Mais, lorsque les temps ont été accomplis, Dieu a envoyé Son Fils, né d'une femme, né sous la loi, afin qu'Il rachetât ceux qui étaient sous la loi, afin que nous recevions l'adoption. » Galates 4.4-5.*** L'Apocalypse, sans désigner du terme d' ***« enfants de Dieu »*** les rachetés de Jésus-Christ, décrit la vision des temps à venir où les enfants de Dieu chantent ses louanges dans le ciel : ***« Celui qui vaincra, héritera ces choses ; et je serai son Dieu, et il sera mon fils » (Ap 21:7).***

1. La paternité divine

« Dieu dit : Faisons l'homme à notre image et à notre ressemblance » Ge 1:26. Il y a ici une volonté expresse du Créateur de faire du nouveau dans sa création, et Ge 2:7 insiste : l'homme n'est plus seulement le produit d'une parole de l'Eternel, mais une création particulière, le travail des mains mêmes du Créateur. Là déjà se trouve la notion d'un Dieu Père de tous les hommes. L'homme a reçu de Dieu le ***« souffle de vie »*** qui fait de lui un être unique, spécial parmi les créatures. Cette affirmation, d'ailleurs, se retrouve dans certaines données des religions de l'Egypte et des mythologies païennes, mais jamais avec ce relief saisissant. Cette notion de la paternité de Dieu envers tous les hommes restera pourtant incomplète et voilée dans l'A. T, (tout entier dominé par la notion d'une paternité appliquée à la nation juive) ; mais elle percera malgré tout dans certains textes jalonnant une révélation qui s'épanouira en pleine lumière dans le N.T. ***Mal 2:10 : « N'avons-nous pas tous un même père ? Un même Dieu ne nous a-t-il pas tous créés ? ».*** Cette notion qui s'épanouira dans les pages du N.T. surgit parfois de la piété des prophètes ou des psalmistes, et les liens qui unissent le Père des cieux à ses enfants apparaissent comme indépendants des liens nationaux. ***« C'est toi qui es notre Père ; quand même Abraham ne saurait rien de nous, et quand Israël ne nous connaîtrait pas, toi, ô Éternel, tu es notre Père... tel fut ton nom de tout temps » (Esa 63:16). « C'est lui qui a formé le cœur de chacun d'eux », -- il s'agit des hommes (Ps 33:15).***

Lorsque Jésus s'adresse à Dieu, le terme de Père est tout naturellement celui qui lui monte du cœur aux lèvres : ***« Je te loue, ô Père, Seigneur du ciel et de la terre » (Mt 11:25). « Combien plus votre Père céleste donnera-t-il le Saint-Esprit à ceux qui le lui demandent ! » (Lu 11:3).*** La prière laissée par Jésus à ses disciples comme le message le plus important de tous ne commence-t-elle pas par le terme familier : ***« Notre Père qui es aux cieux » (Mt 6:9)*** ; et lorsque les heures de la Passion sonneront, ne sera-ce pas toujours le mot de confiance filiale qui reviendra sur les lèvres de l'homme de douleur : ***« Mon Père, s'il est possible que cette coupe passe loin de moi » (Mt 26:39), « Père, je remets mon esprit entre tes mains » (Lu 23:46).*** Chez Paul aussi se retrouve l'idée de la paternité de Dieu dans son sens le plus large : ***« C'est en lui que nous avons la vie, le mouvement et l'être, comme l'ont dit quelques-uns de vos poètes : Nous sommes aussi de sa race » (Ac 17:28).*** Et encore : **« Pour nous, nous avons un seul Dieu, le Père, de qui procèdent toutes choses » (1Co 8:6, cf. 2Co 1:3).** La ***« Parole »,*** éparse dans le cœur des prophètes et des chantres d'Israël, s'est faite ***« chair »*** ; et la divinité a pris un nom presque nouveau, tant ce nom ressort enrichi de l'expérience de Jésus. Dieu n'est plus le ***« Tout-Puissant »,*** le ***« Très-Haut »,*** le ***« Dieu d'Israël »*** quoique nous retrouvions certains de ces termes dans le N.T. : Lu 6:35, Ac 7:48, Apoc, 11:17 21:22). Le nom qui sans cesse revient et rayonne, en particulier dans les quatre évangiles, c'est le nom de « Père ». Sur aucun point le N.T. n'a innové autant que dans ce domaine. Le quatrième évangile n'envisage pas la paternité de Dieu comme jouant seulement dans l'âme de Jésus : ***« Les vrais adorateurs adoreront le Père en esprit et en vérité : ce sont là les adorateurs que le Père demande »*** **(Jn 4:23).** « **Le Père** » est bien, pour cet évangile comme pour les synoptiques, le vrai titre de Dieu.

A. Les caractéristiques de la paternité divine

- Le Père s'irrite contre ses enfants et les châtie. Les livres des prophètes sont remplis des cris d'indignation de l'Éternel contre son peuple. Il y a là tout l'amour véhément du Père pour ses enfants rebelles. Il menace, il châtie, mais il atteint parfois aux faiblesses d'un père humain. Il se repent d'avoir menacé, et, après avoir menacé, il crie à ses enfants son amour dont son indignation même est comme imprégnée. (N'oublions d'ailleurs pas que c'est à travers l'âme des prophètes que Dieu se manifeste et que chaque prophète conserve dans ses messages, même les plus fidèles, la couleur de son propre tempérament.)

- Le Père appelle ses enfants à revenir à lui. C'est là toute l'histoire d'Israël. Le Christ n'aura plus tard qu'à l'appliquer à l'âme individuelle pour en tirer la parabole de l'enfant prodigue : hérédité divine de l'enfant ; son infidélité, son repentir et son retour au Père, voilà déjà bien les divers éléments des relations entre le Père et son fils. Par la voix des prophètes le Père poursuit ses enfants de ses appels véhéments, tantôt terrible dans sa colère dramatique, dans ses reproches (Esa 1:1-17, Jer 7:1-16), tantôt tendre comme une mère et plein de miséricorde ***: « Convertissez-vous, enfants rebelles, dit l'Éternel » (Esa 1:18) (Jer 3:14).***

- Ses enfants se repentent et reviennent à lui (Esa 59:9-15 64:1). Leurs plaintes s'exhalent parfois en gémissements. ***« Cependant, ô Éternel, tu es***

notre Père. Nous sommes l'argile, et toi, tu es Celui qui nous a formés ; nous sommes tous l'œuvre de tes mains » (Esa 64:8).

- Le Père a pitié de ses enfants. Il les console et les sauve. Un des textes les plus émouvants est certainement ***: « La femme peut-elle oublier l'enfant qu'elle allaite, et n'avoir pas pitié du fils de ses entrailles ? Même si elle venait à l'oublier, moi, je ne t'oublierai pas ! ». Esa 49:15 (cf. Jer 31:20)*** Quel amour immense pour ses enfants: ***« Je dirai au septentrion : « Donne-les », et au midi : « Ne les retiens pas ! » Ramène de loin mes fils, et de l'extrémité de la terre mes filles ! ». Esa 45:1,13 et dans Esa 43:6 (cf. Os 1:10)*** L'amour paternel ne rayonne-t-il pas dans ce mot : ***« L'Éternel, ton Dieu, t'a porté comme un homme porte son fils, dans tout le chemin que vous avez fait » ? (De 1:31)***

2. La paternité spirituelle

Les malheurs d'Israël, à l'heure de l'exil, en lui supprimant momentanément toute existence nationale, ont manifesté clairement à la piété juive que l'Éternel n'était pas lié complètement aux destinées de son peuple, et qu'en dehors de ce peuple, il restait le Père de tous ses fils spirituels, ***David s'écrie*** : ***« Tu es mon Père, mon Dieu, mon rocher protecteur » Dans Ps 89:27(Esa 63:19)*** ; et, à propos de son fils Salomon, l'Éternel dit à David : ***« Il sera pour moi un fils, et je serai pour lui un père » (1Ch 22:10).*** Avec le Ps 103:13, nous atteignons presque à la révélation évangélique, car ce passage s'applique bien, non plus à une nation politique privilégiée, mais à tous ceux qui font partie du peuple spirituel de Dieu : « **Comme un père est ému de compassion envers ses enfants, l'Éternel est ému de compassion envers ceux qui le craignent.** » Le livre des Psaumes est tout entier traversé par l'expérience d'un Dieu proche et personnel, et si le terme de « Père » n'est pas souvent mentionné, sous les mots touchants qu'emploie le psalmiste pour exprimer son amour et sa bonté on découvre le sentiment de son intimité avec son Dieu : ***« J'impose à mon âme le calme et le silence, comme l'enfant gorgé de lait dort tranquille près de sa mère » (Ps 131:2).***

Parmi toutes les pages des évangiles, celle qui représente peut-être l'effort le plus grand de Jésus pour nous dévoiler le secret du cœur de Dieu et définir ses relations avec sa créature pécheresse, c'est celle de l'histoire de l'enfant prodigue (Lu 15:11,32) ; tout naturellement, Jésus y résume la figure de Dieu en celle du ***« Père »*** qui aime encore son enfant malgré ses infidélités, et qui attend son cri de repentance angoissée et son retour à la maison paternelle pour lui ouvrir toutes grandes les portes de son cœur. Le Christ ressuscité ne nous sépare pas de sa propre révélation : ***« Dis-leur que je monte vers mon Père et votre Père, vers mon Dieu et votre Dieu » (Jn 20:17).***

Mais, comme Jésus lui-même l'avait fait, Paul insiste sur les conditions à remplir pour être un véritable enfant de Dieu. Il le fait le plus souvent à travers la notion de l'adoption. Nous sommes les enfants de Dieu originairement ; mais tous, par la faute d'Adam, nous avons perdu notre lien de filialité que nous ne pouvons recouvrer que par l'adoption de Dieu en Jésus-Christ. La postérité de Dieu, ce n'est plus le peuple juif mais le peuple des rachetés de Jésus-Christ ***: « Ce ne sont pas les enfants de la chair qui sont enfants de Dieu, mais ce sont les enfants de la promesse qui sont considérés comme la postérité d'Abraham » (Ro 9:8). « Vous êtes tous fils de Dieu, par la foi en Jésus-Christ » (Ga 3:26).*** Et aussi ce texte bien significatif : ***« Dieu a envoyé son Fils... afin de racheter ceux qui étaient sous la loi, et de nous faire obtenir l'adoption filiale ; et parce que vous êtes fils, Dieu a envoyé dans vos cœurs l'Esprit de son Fils, lequel crie : Abba, c'est-à-dire Père » (Ga 4:5,6, cf. Ro 8:15).***

Cette *« adoption divine »* n'est d'ailleurs encore, aux yeux du grand penseur, qui vit sous l'angle de l'éternité, qu'un début. D'après Ro 8:26-30, l'enfant de Dieu est comme saisi par un engrenage rédempteur, et ce que l'apôtre aperçoit au bout de cette évolution, comme couronnement éternel du salut, c'est que les enfants de Dieu seront manifestés dans la ***« glorieuse liberté des fils de Dieu » (Ro 8:21).*** C'est du haut de cette cime spirituelle que l'apôtre fait entendre son glorieux chant de victoire de ***« Ro 8:31-39. »***

Un enfant qui grandit ressemble de plus en plus à ses parents. De même, Dieu veut que Ses enfants deviennent de plus en plus comme Jésus-Christ. Quand Jésus a reçu la visite de Nicodème, il ne lui a pas donné de réponse immédiate, mais lui a dit de devenir enfant de Dieu : ***« En vérité, en vérité, je te le dis, à moins de naître de nouveau, personne ne peut voir le royaume de Dieu. » (Jean 3.3***)

La première fois qu'une personne naît, elle hérite de la nature pécheresse qui provient de la désobéissance d'Adam dans le jardin d'Éden. Personne n'a besoin d'apprendre à un enfant à pécher. Il suit naturellement ses propres mauvais désirs, qui le poussent à commettre des péchés tels que le mensonge, le vol et un sentiment de haine. Plutôt qu'un enfant de Dieu, il est un enfant de la désobéissance et de colère, (Éphésiens 2.1-3).

En tant qu'enfants de colère, nous méritons d'être séparés de Dieu en enfer. Heureusement, Éphésiens 2.4-5 dit : ***« Mais Dieu est riche en compassion. À cause du grand amour dont il nous a aimés, nous qui étions morts en raison de nos fautes, il nous a rendus la vie avec Christ – c'est par grâce que vous êtes sauvés. »*** Comment sommes-nous ramenés à la vie avec Christ (nés de nouveau) et devenons-nous enfants de Dieu ? Il nous faut pour cela accepter Jésus par la foi ! Cette condition générique d'enfants de Dieu est fragilisée par le péché. Jésus est le Fils unique, le Fils bien-aimé, qui vient partager notre condition humaine pour faire entrer ceux qui mettent en lui leur foi, tout pécheurs qu'ils soient, dans sa relation filiale à lui. Par le baptême, nous devenons en lui des fils ou des filles du Père. En d'autres termes, par le baptême et par lui seul ici-bas, ceux qui mettent leur foi en Jésus bénéficient de sa relation de Fils unique à l'égard du Père. L'Esprit-Saint leur est donné par le baptême. Ce don est redoublé par la confirmation pour qu'ils puissent, par leur intelligence, leur volonté et leur mémoire, collaboré au dessein de Dieu, agir comme des fils et des filles qui participent au dessein du Père.

Nous ne serons rendus parfaits qu'au ciel, mais un enfant de Dieu ne peut plus pécher par habitude, sans se repentir. ***« Petits enfants, que personne ne vous égare. Celui qui pratique la justice est juste comme lui-même est juste. Celui qui pratique le péché est du diable, car le diable pèche dès le commencement. Or, c'est pour détruire les œuvres du diable que le Fils de Dieu est apparu. Quiconque est né de Dieu ne pratique pas le péché, parce que la semence de Dieu demeure en lui et il ne peut pas pécher, parce qu'il est né de Dieu. C'est à cela que l'on reconnaît les enfants de Dieu et les enfants du diable : celui qui ne pratique pas la justice n'est pas de Dieu, tout comme celui qui n'aime pas son frère. » (1 Jean 3.7-10).***

Ne vous y trompez pas : Dieu ne peut rejeter un de ses enfants qui pèche. Mais celui qui pratique constamment le péché et en fait usage sans écouter Christ et sa Parole révèle qu'il n'est jamais passé par la nouvelle naissance. Jésus a dit de telles personnes : ***« Vous avez pour père le diable et vous voulez accomplir les désirs de votre père. » (Jean 8.44)*** Les enfants de Dieu, au contraire, ne désirent plus la jouissance que procure le péché, mais veulent connaître, aimer et glorifier leur Père. De même que nous n'avons joué aucun rôle dans notre naissance naturelle, nous ne pouvons pas nous faire naître nous-mêmes dans la famille de Dieu, en faisant de bonnes œuvres ou en faisant apparaître la foi comme par magie. Le verset ci-dessus souligne que c'est Dieu qui, selon sa grâce, nous en ***« a donné le pouvoir. » « Voyez quel amour le Père nous a témoigné pour que nous soyons appelés enfants de Dieu ! » (1 Jean 1.3)*** Ainsi, l'enfant de Dieu n'a aucune raison de se glorifier, si ce n'est dans le Seigneur ***« Éphésiens 2.8-9 ».***

Par la grâce de Dieu, nous sommes nés de nouveau pour une vie nouvelle en tant qu'enfants de Dieu. Seuls ceux qui acceptent Jésus, non pas ceux qui savent seulement des choses sur Lui, mais ceux qui ont mis leur confiance en Lui pour leur salut, qui se soumettent à Lui comme Maître et qui l'aiment comme leur plus grand trésor, deviennent enfants de Dieu. La récompense pour un enfant de Dieu est infinie. En tant qu'enfants de Dieu, nous faisons partie de sa famille (l'Église), sommes détenteurs d'une place réservée dans le ciel et avons reçu le droit de nous approcher de Lui par la prière ***« Éphésiens 2.19 ; 1 Pierre 1.3-6 ; Romains 8.15 ».***

Répondez à l'appel de Dieu en vous repentant de vos péchés et croyez en Christ. Devenez enfant de Dieu dès aujourd'hui !

CHAPITRE VII. IL FAUT AVOIR L'AMOUR

L'amour est un élan du cœur vers ce qui l'attire et le retient, c'est un sentiment d'affection, d'attachement que l'on ressent pour quelqu'un. Dans le N.T, le terme n'est employé qu'à l'égard des personnes divines est des croyants. L'amour a sa source en Dieu, et en s'exprime qu'en Dieu et ceux qui sont nés de DIEU ***« celui qui n'aime pas n'a pas connu Dieu, car Dieu est amour. » 1jn 4 :8 (Jn 15 :13 ;; 18 ; 5 :1-3).***

L'amour est une particularité de Dieu c'est-à-dire un côté essentiel de sa personne. Cet amour ne va pas à l'encontre de sa sainteté, sa droiture, sa justice ou même de sa colère ; toutes ses caractéristiques ont une harmonie parfaite. De la même façon que Dieu est aimant, tout ce qu'il fait est juste et droit ; l'exemple parfait de l'amour véritable est Dieu. Il est impressionnant de voir qu'à ceux qui reçoivent son fils Jésus comme leur Seigneur et Sauveur personnel ; Dieu a donné la capacité d'aimer comme lui, par l'action du Saint-Esprit.

1. LE MYSTERE DE DE DIEU :

L'Apôtre Paul prend son ***exemple « Et quand j'aurais le don de prophétie, la science de tous les mystères et toute la connaissance, quand j'aurais même toute la foi jusqu'ç transporter des montagnes, si je n'ai pas la charité (l'amour), je ne suis rien. » 1Co 13 :2***. Pour montrer l'importance primordiale de l'amour, la nature même de Dieu on peut avoir :

- **La prophétie** : présente la parole de Dieu d'une manière adaptée aux besoins des âmes.
- **La connaissance de tous les mystères** : c'est-à-dire de tous les secrets de Dieu.
- **Toute connaissance** : celle des Ecritures/
- **Toute foi** : cette pleine et entière confiance en Dieu.

Si l'amour manque, rien n'a de valeur, ni d'effet. Appliquons-nous donc à lier l'amour à la connaissance des mystères de Dieu, en étant gardés dans l'humilité : « nous avons tous de la connaissance ; la connaissance enfle mais l'amour édifie » 1Co 8 :1. Si nous avions besoin d'une preuve incontestable de la réalité de la Révélation, nous n'aurions aucune peine à la découvrir, car elle se trouve éminemment dans cette affirmation : Dieu est amour » dans la première épître de Jean son premier chapitre le verset huit.

L'homme, avec les seules lumières de raison, n'a pas la capacité d'acquérir cette connaissance, sauf que l'homme a pu, par lui-même avoir l'idée de la toute-puissance de Dieu. Les philosophes s'efforçant de construire rationnellement une définition de Dieu ne mettent point l'amour au nombre de ces attributs. Et rien dans notre expérience humaine ne permet, quand il est connu, de le considérer comme allant de soi. Il reste le mystère insondable ; bien plus, il est une folie pour la sagesse des hommes. Si nous cherchons sa raison d'être, c'est en lui et non en nous que nous la trouvons. Il est à la fois ***« l'archè »*** de son existence, puisqu'il ne dépend que de soi ; et la source de notre connaissance, puisque ce que nous savons de lui nous ne le savons que par lui. La certitude de l'amour est elle-même un don de l'amour : ***« car Dieu a tant aimé le monde… » Jn3 :16.*** Comment aurions-nous pu le savoir, s'il ne nous l'avait lui-même pas révélé, et pourquoi nous l'a-t-il révélé si ce n'est que par amour. La révélation tout entière n'a de sens que par l'amour surnaturel qui l'a voulue et réalisée.

Il est aisé de comprendre que l'amour, premier dans l'ordre de l'existence, nait été saisi que le dernier dans l'ordre de la connaissance. Sa réalité était si incroyable, elle dépassait tellement tout ce que l'homme pouvait concevoir ou imaginer, qu'il lui a fallu des siècles et des siècles pour arriver à sortir de l'ignorance à la connaissance.

2. La volonté d'amour :

Cette volonté d'amour est une volonté de salut. Les hommes, esclaves du péchés, révoltés contés contre Dieu, sont perdus ; mais Dieu les aime et parce qu'il les aime, il veut les arracher à la perdition et à la mort ***« De même, ce n'est pas la volonté de votre Père qui est dans les cieux qu'il se perde un seul de ces petits » Mt18 :14***. Dieu est le berger qui va chercher sa brebis perdue, il est un père qui reçoit son enfant prodigue qui se repent. Jésus nous fait pénétrer dans le cœur même de Dieu et nous y montre cette réalité humaine entre toutes : la joie ! Dieu reste Dieu dans sa souveraineté absolue ; mais il devient en même temps un Dieu humain, car, dans son amour, il connaît comme nous la joie, la tristesse et même l'inquiétude de l'espérance ***« je leur enverrai mon fils bien-aimé ; peut-être le respecteront-ils ? » Lc 20 :13***.

L'amour se consomme dans le sacrifice ; pour nous sauver, Dieu lui-même se donne à nous dans la personne de son fils. En Jésus-Christ, c'est l'amour du père qui s'incarne, qui s'impose à nos sens pour gagner notre foi : ***« ce qui était dès le commencement, ce que nous avons entendu, ce que nous avons vu de nos yeux, ce que nous avons contemplé et que nos mains ont touché concernant la parole de vie. » 1Jn1 :1.*** Jésus aime comme Dieu seul peut aimer ; il console, il pardonne, il guérit, il se penche sur toutes les détresses et toutes les misères ; il arrache les hommes à la puissance du péché qui les asservit « ***Car le fils de l'homme est venu chercher et sauver ce qui était perdu. » Lc19 :10 ;*** il se donne tout entier « Mc10 :45 » librement « jn 10 :17 ; 13 ». Jusqu'à la perfection « Jn 13 :1 ». Jusqu'à la mort ***« Il s'est humilié lui-même, se rendant obéissant jusqu'à la mort,***

même jusqu'à la mort de la croix. » Php 2 :8 (Eph 5 :2), La croix est l'accomplissement de l'amour rédempteur.

CONCLUSION

La croix de Jésus-Christ est une œuvre de rédemption, d'expiation, de justification et de réconciliation, la croix est souvent assimilée à un symbole de défaite, d'abandon et de mort. La croix est également un lieu de sainteté ; Toutefois il est essentiel de voir en elle une toute autre dimension, la crucifixion de Jésus était différente de celle des autres, car elle était entourée de signes et prodiges, un signe n'est pas seulement un miracle, mais phénomène remarquable, une manifestation de la présence de Dieu, une chose inhabituelle qui modifie le cours logique de la nature, présageant des évènements passé ou futur. L'œuvre de la croix répond donc à une nécessitée de justice.

A la croix Jésus-Christ a payé le prix important, pour que nous soyons libérés de l'esclavagisme du péché, seul le chemin pour accéder à la vie est de passer par Jésus en confessant de la bouche qu'il est le Seigneur et Sauveur ***« Si tu confesses de ta bouche le Seigneur Jésus, et si tu crois dans ton cœur que Dieu l'a ressuscité des morts, tu seras sauvé. » Ro 10 :9***

Mais aujourd'hui l'homme ne veut plus entendre parler de la Croix, l'on veut un Jésus joyeux, souriant plein de joie, compatissant et remplit d'amour, qui nous comprend. Sans la croix il n'y a plus de puissance, c'est pour cela qu'il nous faut fonder notre foi sur l'œuvre de la croix. L'homme doit prier que le Saint-Esprit lui aide à comprendre la valeur de l'œuvre de la croix et de ne plus y tourné le dos.

Jésus n'est pas venu sur la terre dans le but seulement de chasser les démons, guérir les malades, distribuer des bénédictions, donner des bonnes paroles de consolation ; mais il est venu pour une seule chose, un but, mourir sur une croix pour l'homme, et la croix est le fondement de la victoire dans la vie d'un chrétien. ***« Quand Jésus eut pris le vinaigre, il dit : Tout est accompli. Et, baissant la tête, il rendit l'esprit. » Jn 19 :30.*** En grec ***« Tetelestai »***, qui signifie ***« tout est accompli »*** ou c'est ***« achevé. »*** C'était d'ailleurs les paroles dites par les esclaves à leurs maitres après que leurs tâches étaient accomplies.

BIBLIOGRAPHIE

- *Tout est accompli (découvrons les bénéfices de la croix, pasteur David Mastrifortie, moneglise acergy.com-*
- *L'œuvre de la croix de Jésus-Christ (l-evangile-sauve.overblog.com-*
- *Œuvre de la croix (Article par sujet, Bible-notes.org)*
- *Les 7mystères de la croix (appolos.eu*
- *L'œuvre de la croix (vie chrétienne)*
- *Définition disciple (dictionnaire Top Bible, TopBible.Topchrétien*
- *Disciple (dictionnaire la rousse)*
- *De la mort du Christ au jugement dernier « approche eschatologique » (Georges Sumaili Shindani).*
- *La création « de ténèbres à la lumière » (Vivien Vivace Luc Kunda).*
- *Six caractères d'un vrai disciple (Matthieu Giralt, discipula Evangile)*
- *Qu'est-ce qu'un disciple ? (Bible en Famille)*
- *Etre disciple pour faire des disciples (Bible ouverte)*
- *La manifestation du Saint-Esprit en trois dimensions de la Pentecôte : le Saint-Esprit avant, pendant, après la pentecôte*
- *Jésus Christ, fils de Dieu (Chapitre II. Genèse de la christologie dans le Nouveau Testament. De l'histoire de Jésus à la confession du fils de Dieu)*
- *Comment devenir enfant de Dieu (UBDavid.org)*
- *Fils de Dieu (Wikipedias)*
- *Enfant de Dieu (de qui parle-t-on ?/Catéchese.Catholique*
- *Enfant de Dieu (Bibleinfo)*

- *La foi (foi chrétienne-Wikipedia)*
- *La signification de la foi, un principe d'action et de pouvoir (church of Jesus Christ.org)*
- *La foi c'est quoi ? (vie, espoir et vérité)*
- *Définition foi (dictionnaire TopBible-Topchrétien*
- *79 versets bibliques sur la foi (Daily verses.net)*
- *Que dit la Bible de la foi ? (Got questions.org)*
- *La foi qu'est-ce que c'est ? (le jour du Seigneur)*
- *Que dit la Bible au sujet de l'amour ? (Christianisme actif)*
- *L'amour, un thème central qui traverse tout la Bible (lire. La-bible.net.reflexion)*
- *18verset bibliques sur l'amour (EMCI TV)*
- *La définition de l'amour selon Dieu (fréquence chr » tienne*
- *Amour vrai (Bible quest)*
- *Détruire les sept œuvres du malin avec Jésus (noc.today)*
- *C'est pour détruire les œuvres du diable (lille.catholique)*
- *Jésus est venu détruire les œuvres du diable (TopBible. Top chrétien)*
- *Détruire les œuvres du diable (radiospresence)*

Le monde actuel impose les sondeurs de la Bible de voir de plus près leurs jugements conjecturaux sur ce qui doit arriver à l'avenue du Seigneur Jésus-Christ. Ce livre de Vivien Vivace Luc Kunda vient à pic comme outil de référence évangélique en la matière. La construction des œuvres christiques, nous explique la manière de conduire sa vie chrétienne, de vivre, de dire ou de faire, suivant certains principes et avec un certain ordre afin d'être en communion avec le Christ. Les membres de la mission évangélique pêcheurs d'hommes ainsi que les chrétiens doivent se l'approprier afin de faire de toutes les nations de disciples du Seigneur Jésus-Christ.

Livres publiés :

- La création

  « De ténèbres à la lumière »

- La manifestation du Saint-Esprit en trois dimensions de la pentecôte

  « Le Saint-Esprit avant, pendant, après la pentecôte »

- La construction des œuvres christiques

  « Approche évangélique »

BIOGRAPHIE

Luc Kunda est devenu chrétien né de nouveau en 2012 à Lubumbashi en R.D. Congo à L'âge de 18 ans. C'est en 2015 que Dieu l'a choisi comme un instrument Ambassadeur pour la propagation de son Evangile, et il crée une plate-forme toujours en 2015 par la recommandation du Saint-Esprit, dénommée : **Mission Évangélique Pêcheurs d'Hommes (MEPH)** à Lubumbashi en RD Congo, qui, regroupe plusieurs **chrétiens missionnaires**. La **MEPH**, son objectif principal c'est de faire de toutes les nations **des disciples du Seigneur Jésus-Christ**, également, pour qu'ils reçoivent par la foi, en Jésus-Christ **le pardon des péchés et l'héritage avec les sanctifiés** ; Et en faisant **des dons et legs aux personnes vulnérables et aux Eglises**. Luc Kunda commence alors à étudier profondément la Bible, et à écrire ses premières études bibliques. C'est que 6 années plus tard après avoir reçu une formation approfondie avec le Saint-Esprit et détient le diplôme théologie en Académie Pastorale à l'Université de la Paix au Congo (UNIPAC) en collaboration avec Washington Global College, Luc devient théologien, conférencier, formateur, encadreur, prédicateur, auteur de plusieurs ouvrages et articles ; Luc, ces livres sous formes d'études bibliques, sous forme de prédications, sous forme des enseignements sont basés sur Jésus-Christ, Luc Kunda aime beaucoup plus parler des hommes à Dieu et aussi de Dieu aux hommes, il aime enseigner les hommes afin de leur ouvrir les yeux pour qu'ils passent de ténèbres à la lumière, de la puissance de Satan à Dieu avec l'assistance du Saint-Esprit.

TABLE DES MATIERES

Printed by Books on Demand GmbH, Norderstedt / Germany